LES CHIRAC

BÉATRICE GURREY

LES CHIRAC

Les secrets du clan

ROBERT LAFFONT

© Éditions Robert Laffont, S.A., Paris, 2015
ISBN 978-2-221-13366-8

À Arthur Bony, un être lumineux

Aux étés disparus

« Continuez vos ouvrages ; c'est une preuve d'attachement à la vie que de vouloir composer des livres. »

Lettre de l'Abbé Ferdinand Galiani
à Louise d'Épinay
Naples, 17 avril 1779

Introduction

Le règne de l'omerta

Le pas hésite, la haute silhouette se courbe et cette grande main qui a salué des milliers de fois la foule cherche l'appui d'une épaule, d'un bras ami, ou, parfois, le soutien d'une canne. Les ans et la maladie ont fait leur œuvre, mais Jacques Chirac ne disparaît jamais tout à fait. Il reste en lui l'image couleur sépia d'un conquérant qui connut des douleurs, des défaites, des peines, à la hauteur de ce que furent les joies de la conquête et la griserie des victoires. Du moins le vois-je toujours ainsi.

Désormais, le temps semble s'être ralenti dans l'indifférence des jours. Ils ont tous, pour lui, la même saveur. La rage trépidante du pouvoir, les rivaux, les passions, tout s'est éloigné dans le brouillard du passé que la mémoire détricote. L'ancien président a forcément oublié ce qu'il m'avait dit un jour, dans la salle des fêtes de l'Élysée : « Vous voyez ! On m'empêche de vous parler... » J'avais cru à un petit miracle. Le chef de l'État, que j'observais de loin ou derrière un pupitre, avait commencé à m'adresser la parole après une cérémonie officielle.

J'étais alors chargée de suivre, au service politique du *Monde*, la présidence de la République. Sans voir le président, ou presque. Il n'aura tenu pendant son quinquennat, de 2002 à 2007, qu'une seule conférence de presse, sur la politique intérieure. L'unique interview qu'il accorda au journal concernait le Liban et le règlement du conflit au Proche-Orient. Je ne suis jamais entrée dans son bureau. Ce livre est d'abord né de la frustration légitime que j'ai pu en éprouver.

« Vous voyez ! On m'empêche de vous parler... » En effet, au bout de quelques secondes, l'un des chargés de communication de l'Élysée, Laurent Glépin, était arrivé en disant : « Monsieur le président, on vous attend. » Et tous deux avaient tourné les talons, en souriant. Je ne m'étais pas longuement interrogée sur ce « on ». Je savais qu'il avait un nom : Claude Chirac. La fille du président, responsable de sa communication depuis la fin des années 1980, vivait dans la crainte que son père ne commette un impair en adressant la parole à un journaliste.

Mes confrères et moi étions en revanche abreuvés de discours habilement tournés, qu'il prononçait le plus souvent à la virgule près. Un mur de mots écrits par d'autres était supposé protéger Jacques Chirac de lui-même, se dressant entre lui et nous. Toute spontanéité était bannie de cet univers. Nous vivions sous le règne de l'omerta.

Ces cinq années furent cependant assez longues pour que j'apprenne à le connaître – nous avons fait deux fois le tour de la Terre lors des voyages présidentiels – et mon intérêt pour lui n'a pas cessé avec l'exercice du pouvoir. J'avais fini par me convaincre que si le président avait eu envie de me parler, il n'aurait pas manqué de le faire. Il ne s'était pas gêné en quelques occasions pour me dire ce qu'il pensait, parfois de façon assez rude ! Le temps a ensuite fait son œuvre. En 2011, en reportage à Port-au-Prince, en Haïti, je lui avais fait passer un message téléphonique. Sa réponse, que j'ai écoutée en descendant de l'avion, se terminait par : « Je vous embrasse bien affectueusement. »

Mais sous les dorures de l'Élysée, quelques années auparavant, je remâchais ma déception. « Vous voyez... » Oui, je voyais ce petit jeu, cette plaisanterie, pour donner des frayeurs à Claude et m'irriter. Je comprenais aussi que cette relation exclusive entre père et fille avait résisté à toutes les épreuves et prospéré dans une famille qui portait très haut le goût du secret. Une famille au pouvoir. Les Chirac.

Ils n'auraient pas été un objet social, politique et même romanesque, hors du commun, une exception dans une démocratie, sans Bernadette Chirac. Dernière reine de France et élue du peuple, impératrice de la charité et mondaine invétérée, la femme du président régnait sur l'Élysée comme nulle autre avant elle. La « première dame », comme l'on dit, n'était pas pour rien dans l'ascension politique de son mari et aimait à le faire savoir. En campagne, les élus de droite se l'arrachaient.

Elle menait une carrière politique autonome en Corrèze et je m'amusais toujours en la suivant quand elle arpentait son canton. Cela faisait partie du « Chirac Tour ». Je ne savais jamais comment elle m'accueillerait : cela dépendait de son humeur, imprévisible, mais elle finissait toujours par s'amadouer.

Je l'avais vue, à l'Élysée, prendre de plus en plus d'importance et *Le Monde* avait titré à la une, en octobre 2003 : « Bernadette Chirac, la vice-présidente ». Elle m'avait reçue dans un salon du palais quelques jours auparavant. « Si je vous raconte trop de choses, je vais encore prendre une avoinée », avait-elle laissé tomber d'une voix ironique lorsque Jacques Chirac était passé, comme à l'improviste. Il avait souri et s'en était allé sans rien dire. Le numéro était bien rodé.

Et puis un jour, la fin du règne avait commencé. La mauvaise entente proverbiale entre la mère et la fille s'était soudain apaisée et elles avaient fait bloc autour du patriarche dont elles n'avaient toujours voulu que le bien. À ce duo s'était ajouté un troisième personnage, le secrétaire général de l'Élysée, Frédéric Salat-Baroux, qui allait bientôt entrer dans le cercle étroit de la famille.

Aux tempêtes du pouvoir avait succédé l'angoisse d'un procès, puis les affres de la maladie, pour ce vieux guerrier qui perdait le goût du combat. Le clan avait alors resserré autour de lui son étau, fait d'amour et d'ambition. L'Élysée s'éloignait dans le crépuscule mais il leur restait la politique, pour laquelle ils avaient brûlé leur vie. C'est cela que j'ai eu envie de raconter.

1

La fin du pouvoir

L'air est si doux en cet après-midi de septembre que les portes-fenêtres permettant d'accéder aux jardins de l'Élysée sont restées ouvertes. La salle des fêtes, tout en rouge et or, donne sur deux hectares de verdure piqués de jets d'eau, plantés d'arbres centenaires et de massifs de fleurs, en plein cœur de Paris. C'est dans ce majestueux et paisible décor que le président de la République reçoit les dignitaires de la principauté d'Andorre, survivance d'un rituel désuet. Un pupitre a été dressé pour que le chef de l'État prononce son discours sur « cet étonnant petit coin qui incarne l'une des plus belles traditions de l'aventure humaine ». Il n'y a pas d'enjeu planétaire...

Jacques Chirac est souriant, bronzé. À bientôt soixante-treize ans, il porte encore beau, cet ancien séducteur qui domine de toute sa taille la plupart de ses interlocuteurs. Son pantalon remonte un peu plus haut chaque année sous la poitrine, mais il reste chic et nimbé du charisme qui a fait son succès. Le repos estival semble avoir effacé de son visage les traces des épreuves de cette année 2005.

Comme la reine d'Angleterre en 1992, Jacques Chirac vit l'*annus horribilis* de son propre règne. Cela a commencé par un scandale public aux ressorts privés, l'affaire Gaymard, qu'un contexte de crise économique a transformé en symbole. Hervé Gaymard, ministre de l'Économie et des Finances, l'un des proches du président, est tué en plein vol quand *Le Canard enchaîné* révèle qu'il vit, avec sa femme Clara et leurs huit enfants, dans un duplex payé et rénové à grands frais par l'État, pour 14 000 euros par mois, tandis qu'il a mis en location leur appartement du boulevard Saint-Michel. Le ministre avait annoncé aux Français qu'ils devraient « se serrer la ceinture » : sa démission devient vite inéluctable. Les Gaymard rembourseront tout à l'État, un geste assez rare, mais le mal est fait. Ce ne sont pas seulement des fidèles que les Chirac perdent dans cette affaire, c'est tout un pan de leur histoire familiale et politique qui disparaît.

Épisode plus douloureux encore, l'assassinat, le 14 février 2005, de l'ancien Premier ministre libanais, Rafic Hariri, cet ami intime de Jacques Chirac, avec lequel il partageait beaucoup de secrets. Il apparaît bouleversé devant le Conseil des ministres et prend le risque d'assister à ses obsèques à Beyrouth.

Une nouvelle épreuve l'attend en mai, lorsque les Français rejettent massivement la Constitution européenne, qu'il s'est acharné à leur vendre au long d'une interminable campagne. L'échec, sans appel, le discrédite en France, en Europe, dans le monde.

En juin, le fiasco de la candidature de Paris aux jeux Olympiques de 2012 le laisse épuisé. Seul chef d'État qui défend en personne la candidature de son pays, il endure vingt-six heures d'avion en trois jours pour aller de Singapour, où siège le comité olympique, à Gleneagles, en Écosse, où débute le G8. Les relations avec Tony Blair, qui préside l'Union européenne, sont exécrables, achoppant sur la politique agricole commune, le modèle social européen, le budget des vingt-cinq membres de l'Union. Autant dire que Chirac veut remporter cette manche. Il apprend pourtant cette nouvelle défaite – et la victoire de Londres – avant même d'atterrir en Écosse. Tous les journalistes français l'attendent. Il nous apparaît alors abattu, exténué.

Il y a chez ce président comme une lassitude de l'histoire toujours recommencée, une sorte d'accablement qui ressemble à s'y méprendre à l'usure du pouvoir.

De tout cela, rien ne transparaît ce 2 septembre 2005. Le chef du gouvernement d'Andorre, l'évêque et les ambassadeurs, souriant sous les lambris, l'écoutent prononcer un compliment diplomatique anodin, assez court et écrit en gros caractères, comme tous ses textes désormais. Mais Jacques Chirac, soudain, abandonne son discours. Il n'est plus en mesure de lire les feuillets posés devant lui et doit improviser quelques phrases pour en finir au plus vite. Sa vue se brouille. L'une de ses collaboratrices remarque bien qu'il s'écarte du chemin balisé, mais elle ne s'en inquiète pas outre mesure. Il n'y a pas de péril politique et aucun journaliste n'assiste à cette cérémonie purement protocolaire. C'est un vendredi et l'après-midi tire à sa fin.

Qui peut imaginer l'insoutenable migraine qui a saisi Jacques Chirac ? Le coprince d'Andorre, titre que les présidents de la République française doivent à Henri IV depuis 1607, serre quelques mains, sans se départir de son sourire, et s'en va. Faut-il que la douleur soit aiguë pour qu'il abrège ainsi une obligation publique... La maîtrise de Chirac est inégalable, sa capacité à ne rien laisser voir, hors du commun. Il dissimule si bien sa douleur que nul ne semble s'en apercevoir. Des décennies de vie politique lui ont appris à encaisser les coups les plus durs, les sifflets, les huées. Il sait composer un masque, feindre – et ne jamais se plaindre. Il a appris très tôt que l'ennemi s'engouffre dans la moindre faiblesse et s'est habitué à ériger une herse entre ses souffrances, ses sentiments, et ses semblables.

Mais là, il s'agit d'autre chose... Jamais son propre corps ne lui a fait défaut. Sa grande carcasse l'a toujours porté, soutenue par un appétit pantagruélique, parfois surjoué, qui fait partie de sa légende. Il y a bien eu ce terrible accident de voiture, en 1978, sur une route verglacée de Corrèze, ou de sévères déprimes, toujours soigneusement cachées, après des échecs électoraux. Et quand un embonpoint disgracieux a accentué son âge, sa fille Claude s'est empressée de le mettre au régime. Rien, cependant, qui puisse ressembler à une urgence médicale majeure. Car c'est bien de cela qu'il s'agit.

À peine remonté dans son bureau, le chef de l'État téléphone à son épouse Bernadette – comme il peut le faire douze fois par jour. C'est elle qu'il appelle en tout premier. Présidente de la fondation des Hôpitaux de Paris-Hôpitaux de France, Bernadette Chirac a une certaine expérience des questions de santé – elle s'occupe depuis des années de leur fille aînée, Laurence. La conseillère générale de Corrèze n'est pas à Paris, mais elle le prie de consulter immédiatement le médecin-chef de l'Élysée, Jack Dorol. Ce militaire, réanimateur urgentiste de formation, qui a fait l'essentiel de sa carrière à Percy, l'hôpital d'instruction des armées, comprend tout de suite. Il n'hésite guère pour prendre de vitesse le danger. Les deux hommes partent aussitôt en voiture, de façon discrète, pour le Val-de-Grâce.

Ce n'est qu'une fois pris en charge par l'équipe médicale de l'hôpital militaire que Chirac téléphone à Claude, qui dirige la communication de son père. Elle est chez elle, il est tard. Le président lui demande d'annuler les deux rendez-vous qu'il avait le lendemain matin, un samedi, avec des journalistes qu'il connaît depuis longtemps – il ne voit plus que ceux-là. « C'est un coup de fil anodin. La vérité c'est qu'il ne s'est rien passé d'extraordinaire », m'assure Claude Chirac. Le chef de l'État souffre d'un hématome intracérébral postérieur gauche, susceptible d'entraîner des troubles de la vision. Autrement dit, une artère a « fui » dans le cerveau du président, provoquant un hématome – accompagné d'affreuses migraines – et d'un rétrécissement de son champ visuel latéral. En bref, il vient de faire un AVC, un accident vasculaire cérébral, qui aurait pu être fatal. « Rien d'extraordinaire... »

À son nouveau secrétaire général, Frédéric Salat-Baroux, qui deviendra son gendre en 2011, Chirac passe également un coup de fil, aussi léger que possible, depuis l'hôpital : « J'ai eu un petit pépin. Je ne sais pas si je rentre ou si je reste. » Salat-Baroux est encore à l'Élysée, il travaille. De ses multiples fenêtres il ne peut apercevoir le parc, déjà noyé dans l'ombre à cette heure tardive. Tout est silencieux dans le palais et les objets d'art premier se fondent dans l'obscurité du bureau présidentiel, juste à côté.

Le Premier ministre, Dominique de Villepin, qui en a si souvent poussé la porte, ne sait rien. Son rival, Nicolas Sarkozy, le ministre de l'Intérieur, pas davantage. Personne dans Paris ne peut soupçonner que le président de la République vient d'être victime d'un très sérieux accident de santé. Bernadette, sa femme, et Claude, sa fille, vont veiller, avec le soin qu'elles ont toujours apporté à la protection de leur grand homme, à ce que rien ne soit divulgué. Il n'y a aucun risque de fuite de la part de la troisième personne informée, Frédéric Salat-Baroux, un Cerbère très sûr. Les autres ne parleront pas davantage : ce sont des médecins militaires, tenus par leur double obligation professionnelle. La fin du pouvoir vient de commencer, mais c'est le secret le mieux gardé de la République.

Il est environ 22 heures quand Agathe Sanson, numéro deux du service de communication de l'Élysée, reçoit chez elle le coup de fil de la fille du président. Avec sa prudence habituelle, et sans rien révéler, Claude sonde sa proche collaboratrice : « Est-ce que tu penses que l'on peut annuler les rendez-vous de demain matin sans que les journalistes s'étonnent ? » Habituée à gérer l'omerta, Agathe Sanson comprend qu'il s'est produit quelque chose de sérieux, mais elle ne se permet de poser aucune question. Elle suggère qu'un président peut annuler des réunions sans raconter sa vie, s'employant à rassurer Claude. Après avoir raccroché, elle trouve un prétexte pour décommander les journalistes du samedi matin.

Ce non-dit est tout de même étrange, alors que Claude Chirac et ses collaborateurs passent leur vie ensemble, du matin au soir, sans rien ignorer ou presque des activités des uns et des autres, avec un objectif commun : régler au millimètre la communication du président... La jeune attachée de presse va passer la soirée à s'interroger. Elle a bien compris que Claude ne veut en aucun cas voir filtrer l'information – dont elle ignore toujours la teneur. Elle imagine que cette mystérieuse affaire touche le président d'une manière très personnelle, privée. C'est à Laurence qu'elle pense, la fille aînée des Chirac, gravement blessée à la suite d'une tentative de suicide en 1990 et frappée d'anorexie. Une douleur muette que Chirac a si bien cachée pendant vingt ans.

Mais la santé d'un président appartient-elle à la seule sphère privée ?

Cette famille cloisonne tout jusqu'à l'obsession. C'est dans un cercle extrêmement restreint que le branle-bas de combat est donné, le lendemain matin, samedi 3 septembre, dans le bureau de Frédéric Salat-Baroux. Le secrétaire général est là, Agathe Sanson aussi, ainsi que le « sherpa » du président, Maurice

Gourdault-Montagne. « MGM » est l'homme des sommets internationaux qui forme avec Chirac un duo étroit sur les questions diplomatiques. Tous attendent Claude.

Chacun s'interroge sur le motif de cette réunion imprévue, sauf Salat-Baroux, puisqu'il a été prévenu la veille au soir directement par le président – mais il n'en dit rien. Quand Claude Chirac arrive enfin, les traits tirés, il est évident qu'elle n'a pas dormi de la nuit. Elle est très éprouvée par l'accident dont son père vient d'être victime, mais reste très professionnelle. Elle sait déjà qu'il sera immobilisé au moins une semaine à l'hôpital. Une éternité pour un chef d'État en exercice et surtout pour un homme comme Chirac. Consciente du casse-tête qui s'annonce en matière de communication, elle a déjà pensé à tout. Elle lâche l'information d'une manière qu'elle veut assez factuelle, tout en la minimisant, déjà.

« Le président a fait un malaise, dit sa fille. Un petit AVC. » Comment ? Que s'est-il passé ? Où est-il ? C'est grave ? Comment va-t-il ? Les questions fusent toutes en même temps, y compris de la part de Salat-Baroux, pourtant déjà au courant de tout ! Le voilà mûr pour entrer dans le cercle très fermé de la famille : il dissimule à merveille.

La surprise des autres collaborateurs est totale. Ils avaient trouvé le président fatigué, après cette interminable campagne référendaire, mais ils le pensaient remonté sur son cheval, comme toujours. La fille du président se livre à cet exercice délicat consistant à parler de la santé du chef de l'État qui se trouve être son père. Ou l'inverse. Elle se veut rassurante et prag-matique, sans laisser l'émotion l'emporter : « Ne vous inquiétez pas. Simplement, il faut qu'on voie deux choses : ce qu'il faut annuler et comment on commu-nique. Le président a décidé de le dire dès ce matin. »

« Dès ce matin... » Près de vingt heures se sont écoulées durant lesquelles personne, hormis les très proches, n'a rien su, dans l'opinion ni les médias, de l'accident cérébral du président de la République. Une polémique ne manquera pas d'éclater sur cette façon de verrouiller la communication autour de la santé du chef de l'État. Car une sourde bataille s'engage déjà entre les médecins et l'entourage présidentiel à propos des termes employés dans les bulletins de santé successifs. Les mots « petit » et « léger » y reviennent souvent, sous la pression de Frédéric Salat-Baroux appuyé par Bernadette Chirac. Tantôt soudés, tantôt agités de passions contraires, les trois piliers du clan vont prendre en main la destinée du souverain. Le secrétaire général n'a que le mot « transparence » à la bouche, mais il organise l'opacité, dans une ombre propice à la prise de pouvoir.

Le samedi en fin de matinée, le porte-parole de l'Élysée, Jérôme Bonnafont, m'appelle pour me donner des détails sur ce qu'il vient de se passer : « La cérémonie a duré une heure. Le président était parfait, comme d'habitude. Il a fait son discours, rien à signaler. On maintient le programme pour après, a priori il n'est pas affecté. Les médecins du Val-de-Grâce veulent faire des examens complémentaires. La visite du Premier ministre indien, le 12 septembre, est maintenue, le voyage à New York pour l'ouverture de la session de l'ONU, sur lequel il a beaucoup travaillé, aussi. »

Me voilà bien informée. Évidemment, on me ment sur l'essentiel et tout sera annulé. La fin du règne se précipite et c'est cela que l'on veut masquer à tout prix.

2

Le chambellan

Avec ses sourcils tombants à la Droopy, un menton qui évoque irrésistiblement celui d'Édouard Balladur et ses manières onctueuses, Frédéric Salat-Baroux n'a rien d'un play-boy. Ses cheveux noirs peignés en arrière à la mode de la IIIᵉ République achèvent de lui donner un air de sérieux que sa conversation ne dément pas. Il est patient, affiche un calme trompeur qui pourrait passer pour de la mollesse et il n'ignore rien des intrigues du pouvoir.

Un milieu éclairé – son père, un Juif tunisien, fut l'un des gynécologues pionniers de la procréation médicalement assistée – puis ses compétences propres lui ont ouvert la porte des meilleures écoles : Sciences Po, l'ENA, l'École supérieure de commerce de Paris, sans compter une maîtrise de droit. Un éventail de diplômes et de titres tel qu'en déploie l'élite à la française. En 1995, collaborateur d'Alain Juppé à Matignon, il est en première ligne en tant que conseiller aux affaires sociales, face à la grande grève de l'hiver provoquée entre autres par la réforme de l'assurance maladie.

L'ambition, la bonne opinion qu'il a de lui-même et une certaine habileté à forcer les portes l'ont ensuite propulsé, en cinq ans, d'un poste de conseiller social à l'Élysée à celui de secrétaire général. Il occupe désormais une belle pièce d'angle, au premier étage du palais. Il lui suffit de traverser la salle à la licorne, où trône une longue dent de narval, pour se retrouver dans le bureau du président. Il œuvre à quelques pas du Saint des saints, position jalousée. Mais c'est surtout sa personnalité qui lui vaut la franche détestation d'un grand nombre de collègues et de rivaux. Claude, pourtant, ne jure que par lui et plus encore depuis qu'il a rejoint l'Élysée, en 2000. Elle a organisé le départ de Philippe Bas, l'ancien secrétaire général, et favorisé son ascension, contre Maurice Gourdault-Montagne. Elle prend presque systématiquement son parti.

Cette fois pourtant, il ne s'agit plus d'un dossier dans lequel il suffirait de trancher. Il est question de l'état de santé du président de la cinquième puissance mondiale. Sa fille, sa femme, son futur gendre ont la haute main sur ce qu'il convient d'en dire et de manière exclusive. Cette République familiale ne connaît aucun précédent en France et n'a d'équivalent dans aucune démocratie occidentale.

« FSB » ne se contente pas de prendre en charge cette affaire délicate, qui relève autant de l'intime que de la sphère publique. En route avec Claude pour le Val-de-Grâce, il s'emploie aussi à consoler la fille du président. Il ne lui prend pas la main. Du moins pas encore. Il lui prodigue les mots qu'il juge les plus touchants et elle s'y montre sensible. Il commence par la rassurer : « Ce n'est pas grave. » Puis il ajoute : « Mais il n'y a qu'une façon de vivre quand les gens qu'on aime sont partis, c'est de se dire que l'on ne pouvait pas faire plus que ce que l'on a fait. » Holà, le roi n'est pas mort ! Quelle drôle de consolation.

Cloîtré dans sa chambre du Val-de-Grâce, le président a cependant disparu des écrans. Aucune photo, ni de près ni de loin. Aucun son, aucune vidéo. Un silence de plomb s'est abattu sur ce chef d'État devenu invisible.

La stratégie édictée par Claude et Frédéric laisse place à toutes les interprétations. Nous, journalistes, nous étonnons de cette situation, sans nous décourager de demander un signe de vie du président, puisqu'il va, nous dit-on, très bien. Frédéric Salat-Baroux, sans doute en veine d'humour, finit par nous dire lors d'un point de presse informel : « Vous ne voudriez tout de même pas voir le président en pyjama ! »

« En pyjama... » Ce trait d'esprit paraît d'un goût douteux. D'autant qu'il ne manque pas de rappeler Paul Deschanel, le seul président de la République que l'on ait vu dans cette tenue, après qu'il fut tombé nuitamment d'un train, en 1920. Quelques mois plus tard, le locataire de l'Élysée écrivit une lettre à l'Assemblée nationale pour indiquer qu'il n'était plus en mesure d'assurer ses fonctions. Jacques Chirac n'en est pas là. Mais cette allusion à un président diminué, pour involontaire qu'elle soit, n'en reste pas moins maladroite – et suscite beaucoup de questions. Elle marque aussi un mépris injustifié face à une demande légitime de la presse. Dans aucun autre pays démocratique on n'aurait caché un chef d'État de cette façon.

François Mitterrand a dissimulé son cancer pendant presque deux septennats, raison supplémentaire pour exiger la clarté sur la santé de ses successeurs. En attendant, ce souverain des temps modernes est cerné par son épouse qui ne cesse de protester qu'il doit se reposer, couvé par sa fille qui juge de son devoir de le protéger et harcelé par son futur gendre, un secrétaire général qui veut à toute force entrer dans le cercle privé.

La presse rapporte des récits plus ou moins fantaisistes, selon lesquels le président serait aphasique ou incapable de marcher. En réalité Chirac, non pas en pyjama mais en chemise de cow-boy à carreaux, tourne comme un lion en cage dans sa chambre d'hôpital. Les dossiers que lui apporte son secrétaire général ne suffisent pas à meubler ses journées et encore moins à le distraire de ce qu'il découvre, excédé, en écoutant la radio, en lisant les journaux ou en regardant la télévision. Dix fois par jour, il appelle Agathe Sanson : « Non mais tu as vu ce qu'ils racontent ?! » Indigné, il voudrait sans cesse saisir son téléphone pour dire son fait à tel ou tel journaliste qui le décrit dans un état pitoyable. Que ne le fait-il ? Les spéculations s'arrêteraient aussitôt. Même ces chargés de communication de l'Élysée qu'il connaît depuis des années et pour lesquels il a de l'affection, Agathe Sanson, Laurent Glépin ou Bénédicte Brissart, ne sont pas autorisés à le voir.

Quant à « Amadeus » – le surnom que Bernadette Chirac a trouvé un jour de bonne humeur pour Frédéric Salat-Baroux – il continue de son côté à ciseler des communiqués de presse avec Claude, en parlant de lui-même à la troisième personne : « Le président de la République s'est entretenu ce matin à plusieurs reprises avec le secrétaire général de l'Élysée et lui a demandé d'étudier le report de ses activités pour la semaine prochaine. » Un vrai Mozart de l'info.

« Néron » – le sobriquet que Bernadette Chirac a attribué un jour de méchante humeur, cette fois à Dominique de Villepin – lui grille aussitôt la politesse, depuis La Baule où se tiennent les universités d'été de l'UMP : « J'ai eu longuement le président de la République ce matin au téléphone. Évidemment, j'ai évoqué avec lui l'agenda des prochains jours et les grands dossiers en cours. » Le Premier ministre raconte aux journalistes présents que le président et lui ont décidé de l'aide à apporter aux Américains, après les ravages causés en Louisiane par l'ouragan Katrina.

Villepin en profite pour humilier son rival, Nicolas Sarkozy. C'est le chef du gouvernement, prévenu par Claude, qui révèle au ministre de l'Intérieur l'AVC du président, dont il aurait dû être l'un des premiers informés. Preuve que le verrouillage de l'Élysée est d'une efficacité sans pareille. Cette guerre féroce au sommet de l'État – Élysée, Matignon, Intérieur – ne connaîtra aucune trêve. Le roi s'absente et la cour, déjà, se déchire.

À l'hôpital, la révolte gronde. Les communiqués peaufinés par Salat-Baroux et la famille sont si lénifiants que les médecins refusent d'en endosser la responsabilité. Le mot « cérébral » n'est même pas prononcé. Il ne faut surtout pas laisser penser que cette vacance du pouvoir, alors que les prétendants montrent déjà les crocs, peut se prolonger, ni qu'elle signe la fin du règne. Il reste encore plus d'un an et demi avant l'élection présidentielle de 2007. Les discussions avec l'équipe médicale s'enveniment au point que le président du Conseil national de l'Ordre des médecins, Jacques Roland, s'insurge dans *La Croix* : « Nous ne sommes plus dans la communication médicale mais dans le filtrage d'information d'origine politique. »

Salat-Baroux m'avoue aujourd'hui des discussions très dures avec les médecins mais proteste de sa bonne foi : « J'ai même dû organiser des réunions dans mon bureau avec des fournées de journalistes pour dire que Chirac prenait des anticoagulants, et ci et ça. Il a fallu se taper des briefs à tout-va. » J'étais présente quand il se livrait à ce genre de déclarations. C'est tout juste si nous n'avions pas soudain la posologie de chaque médicament prescrit au président. Nous n'en demandions pas tant. Et loin d'être accablé par sa tâche, Salat-Baroux jouissait d'être l'homme de la maison, paré de ses nouveaux pouvoirs. Jeune, en bonne santé, il a été adoubé par deux femmes reconnaissantes, Bernadette et Claude, pour partager les décisions.

Il enrage, pourtant, que le vieux lion ne le fasse pas entrer dans une relation plus privée. Même enfermé dans sa chambre, Chirac reste obstinément sur le terrain professionnel avec Salat-Baroux. « Il m'exaspère, je voudrais un minimum d'humanité », se plaint le secrétaire général, sans mesurer tout ce que l'attitude du président devrait lui faire comprendre. Il n'empêche. FSB se rend indispensable durant cette semaine cruciale d'hospitalisation au Val-de-Grâce, aux yeux de Claude et de sa mère. « J'y vais chaque jour. C'est une période très intense.» Salat-Baroux a ceci de particulier que, même en disant « très intense », il rend tout triste, lourd de bienséance et d'ennui. Les proches conseillers, eux, observent à quelle fréquence « Frédéric va baiser la babouche de maman», tel un courtisan obséquieux, préoccupé de rentrer dans le premier cercle. À son crédit, pendant cette semaine difficile, chacun a pu constater qu'il savait se rendre utile, se montrer arrangeant, en vrai fils de famille. Il veille à bichonner Bernadette Chirac, que son mari rabroue.

À l'hôpital, pendant ce temps, le président a conquis tout le monde, comme d'habitude. Marie-Germaine Bousser, spécialiste mondiale de l'accident vasculaire cérébral, a été appelée pour avis par les médecins du Val-de-Grâce qui soignent le président. Trois d'entre eux ont été ses internes et il est déjà arrivé qu'ils sollicitent son diagnostic. Elle répond donc bien volontiers à leur demande, ce vendredi soir, pour voir ce patient dont on ne lui a pas révélé l'identité... Quelle n'est pas sa surprise en se trouvant nez à nez avec le président de la République ! Elle est frappée par sa gentillesse et par le respect avec lequel il traite tout le personnel hospitalier. Cette scientifique de haut niveau a côtoyé et soigné bon nombre d'hommes politiques qui n'étaient pas si aimables. Elle juge la prise en charge du président excellente et revient périodiquement au Val-de-Grâce, selon le souhait de l'équipe. La troisième fois, Chirac s'exclame : « Madame le professeur, on vous dérange encore ! Ça doit être pour quelqu'un d'important... » Il est sur le point de passer un scanner et tous les manipulateurs radio éclatent de rire.

S'il éprouve de l'inquiétude, le chef de l'État n'en montre rien, jamais. Il plaisante, comme à l'ordinaire. Il ne demande même pas d'explications, comme l'auraient fait la plupart des personnalités traitées par les plus éminents spécialistes. Il accorde sa confiance et ne pose au professeur Bousser qu'une question qui lui importe, toujours la même : « Est-ce que je vais bientôt sortir ? » Lui tarderait-il de reprendre le contrôle de lui-même, se voyant enfermé tel un prisonnier, tandis que d'autres parlent à sa place ? En tout cas, il s'en remet à Claude, comme toujours, pour agir au mieux dans le champ qu'elle a si puissamment investi, celui de la communication politique. Le verrou est d'une solidité à toute épreuve. Et Claude et Frédéric sont désormais deux à détenir la clef. Pour les journalistes, c'est double peine.

C'est à leur intention qu'est organisée la sortie du patriarche un beau vendredi de septembre, le 9, une semaine exactement après le présumé « petit pépin ». Claude décide que son père sortira par la porte principale du Val-de-Grâce, afin que tous puissent constater qu'il regagne sa voiture à pied. Les chargés de communication de l'Élysée ont précisé qu'il n'était « pas question de faire de cette sortie une mise en scène ». Évidemment, personne ne croit à cette rhétorique. Le jour dit, toute la presse est massée derrière des barrières métalliques pour voir le président et sa femme, entourés d'une nuée de blouses blanches, souriant et discutant, se diriger à pied vers la CX garée devant l'hôpital.

Jacques Chirac revient dans son palais, mais rien ne sera plus comme avant. Ce retour consacre les efforts de Frédéric Salat-Baroux. « Quand le président rentre, les Chirac m'invitent à déjeuner avec eux, à l'Élysée, raconte-t-il aujourd'hui. C'est la première fois. On mange chinois. On est tous les quatre. Eux, Claude et moi. C'est un moment très particulier. Ça fait quand même cinq ans que je travaille jour et nuit pour lui. Leur monde est très cloisonné. Ce déjeuner, c'est un geste personnel qui me touche. Il est d'ailleurs construit comme tel. Mme Chirac déteste par essence les collaborateurs de son mari. J'ai dû bien travailler. C'est Claude, bien sûr, qui a voulu cela. Je ne lui ai pas posé la question mais je n'avais pas de doute. »

Que dire de plus ? Quelques semaines plus tard, le secrétaire général est portraituré par *Le Point*, le journal de l'ami du président, François Pinault, sous un titre ravageur : « Le dernier chambellan ». Chambellan ? « Un gentilhomme chargé du service de la chambre d'un monarque ou d'un prince, à la cour duquel il vit », selon le dictionnaire. Le mot a été bien choisi, méchant et drôle à souhait. Ce qui n'est pas le cas du portrait, lequel s'étale sur deux pages, signe indubitable que FSB prend de l'importance.

3

L'absent

Le voilà prisonnier dans un triste palais que le pouvoir déserte... Les médecins ont estimé que le président ne pourrait pas reprendre l'avion pendant plusieurs semaines, le privant ainsi d'assister à l'ouverture de la session des Nations unies, à New York, à laquelle il tenait tant. Être interdit de voyages n'est pas qu'une mesure d'ordre médical et transitoire pour Jacques Chirac. C'est un crève-cœur qui l'empêche de se consacrer pleinement aux affaires du monde, son domaine réservé, sa passion. Pire, il va devoir s'habituer à ce que ses moindres gestes soient scrutés et que sa santé devienne un sujet constant de préoccupation. Un non-dit toujours présent.

À l'Élysée, chacun remarque désormais les ravages plus ou moins gênants qui minent la vie quotidienne du chef de l'État. Qu'il entre dans une pièce et un petit moment d'ajustement lui est nécessaire pour en reconnaître les occupants, en raison du rétrécissement de son champ de vision. Son pas est moins sûr, ses gestes plus lents. Il a perdu sa vivacité d'antan.

Comme il doit être angoissant pour lui de se sentir ainsi diminué, d'envisager les menaces qui pèsent sur son avenir... Personne n'est plus observé qu'un chef d'État, il le sait mieux que quiconque. Jacques Chirac s'est toujours fait une haute idée de sa fonction et il ne peut manquer de se demander dans quel état il devra finir son mandat. Et même s'il sera en capacité de le faire. Il n'en a sans doute jamais parlé à personne, mais ceux qui le connaissent au plus près ne peuvent penser qu'il élude cette question.

Comment ne se la poserait-il pas, devant cette fatigue qui le saisit, devant le rythme qu'impose la fonction présidentielle ? Ce n'est pas la première fois qu'il défaille, mais personne n'en a jamais rien su. En 2002, au sommet de la Terre à Johannesburg, en Afrique du Sud, un officier de sécurité a frappé un matin à la porte de Roselyne Bachelot pour lui demander de remplacer au pied levé le président, dans une réunion de chefs d'État : « Vous allez représenter la France, le président Chirac est fatigué », a-t-il dit sans plus d'explications à la ministre de l'Écologie ébahie. Elle est évidemment arrivée en retard. Tony Blair, le Premier ministre britannique, Gerhard Schröder, le chancelier allemand, et le chef du gouvernement italien, Silvio Berlusconi, l'ont vue s'asseoir, les yeux écarquillés, devant le chevalet où il était écrit : « Jacques Chirac, France ».

Fort heureusement pour lui, l'opinion retiendra de ce sommet une phrase historique qu'il a prononcée plus tard à la tribune : « Notre maison brûle et nous regardons ailleurs. »

La politique intérieure se rappelle à son souvenir, pourtant, sept semaines après le retour du Val-de-Grâce, avec une violence inédite. Des émeutes de grande ampleur éclatent dans les banlieues, quand deux jeunes, Bouna Traoré, quinze ans, et Zyed Benna, dix-sept ans, meurent électrocutés à Clichy-sous-Bois dans un transformateur d'EDF, en cherchant à se cacher de la police. Deux jours plus tôt, le 25 octobre, sur la dalle d'Argenteuil, Nicolas Sarkozy a lancé à une habitante du quartier : « Vous en avez assez de cette bande de racailles, hein ? Eh bien on va vous en débarrasser. » En juin, le ministre de l'Intérieur avait proposé de passer les cités... au Kärcher.

Ce langage rend Chirac fou. Il sort exaspéré des conseils de sécurité intérieure qu'il préside, car Nicolas Sarkozy y tient des propos qu'il juge intolérables, à la limite du racisme – ou en tout cas plus propres à attiser les haines qu'à renforcer la cohésion nationale. Bien sûr, ce prétendant plus jeune, plein d'énergie, qui clame haut et fort depuis deux ans qu'il veut prendre sa place le renvoie à sa faiblesse, à la vieillesse, lui qui a toujours dominé la meute. Et Sarkozy se comporte en successeur qui l'a déjà enterré, rendant insupportable cette fin de règne. Il est allé jusqu'à moquer les passions privées de son ex-mentor, comme le sumo, sport emblématique du Japon, lors d'un voyage en Chine : « Comment peut-on être fasciné par ces combats de types obèses aux chignons gominés ? Ce n'est vraiment pas un sport d'intellectuel, le sumo ! » a-t-il lancé devant des journalistes. Ses mauvaises manières, son ironie, son ascendant sur la droite agacent Chirac, mais surtout, celui-ci ne le juge pas digne de la fonction présidentielle

Le 8 novembre, en raison des émeutes dans les banlieues, l'état d'urgence, décidé par le Premier ministre Dominique de Villepin, est décrété. Il faut cependant attendre la mi-novembre pour que le président s'exprime à la télévision. C'est un très bon discours, aux valeurs irréprochables, mais qui vient tard, si tard. L'éditorialiste du *New York Times* à Paris a surnommé Chirac « l'homme invisible ».

Les derniers mois sont sinistres. Il n'y a plus d'élan dans cette équipe où chacun songe déjà à se recaser. Et les ratés du président deviennent de plus en plus manifestes. En janvier 2006, après les vœux aux Corréziens, qui ont toujours lieu au gymnase de Tulle, j'ose écrire dans *Le Monde* que le président dit un mot pour un autre : « contexte personnel » au lieu de « contact personnel », « personne ne s'étend » pour « personne ne s'étonne », « telles sont les choses », au lieu de « tels sont les choix » etc. Je le remarque immédiatement puisque le discours écrit nous a été remis et que nous l'avons sous les yeux. Quand il affirme que deux tronçons d'autoroute seront reliés « sans discours », alors qu'il est écrit « sans discontinuité », Bernadette Chirac se tourne vers lui, inquiète. Et son ancien adversaire, François Hollande, alors maire de Tulle, le scrute, lui aussi.

Je ne pensais pas du tout que le chef de l'État avait perdu ses facultés intellectuelles. Mais je l'imaginais victime de sortes de courts-circuits épisodiques, dus à son accident cérébral. Cela me paraissait tout de même assez significatif pour que l'on doive l'écrire. Après cet article, les coups de téléphone à la direction du journal n'ont pas manqué – jamais venant de lui, bien sûr. Je n'en ai rien su sur le moment. L'Élysée ne pouvait nier les faits, mais j'aurais fait preuve de manque de respect en les rapportant. C'était ridicule. J'ai toujours respecté Jacques Chirac, l'homme et la fonction, et je pense qu'il le savait.

J'étais frappée par le trop grand nombre de manifestations inutiles qu'on lui imposait et par sa difficulté à se concentrer, les jours de grande fatigue. Pourquoi lui infliger d'inaugurer un pont franco-allemand entre Fessenheim, en Alsace, et Hartheim, en Allemagne ? Face au président de la République française, ce jour-là, les Allemands n'ont dépêché qu'un représentant inconnu du land de Bade-Wurtemberg. La sagesse eût voulu qu'on économise Chirac, mais ce dernier préférait peut-être tromper son angoisse par une frénésie d'activités ou prouver qu'il pouvait encore rester des heures tête nue sous la pluie à serrer des mains, comme il l'a fait un jour à Mulhouse.

Quand il peut enfin reprendre l'avion, après plusieurs semaines de privation, la ronde des voyages recommence. Nous allons au Brésil fin mai 2006 et, comme souvent à l'étranger, les journalistes ont le droit de lui poser quelques questions, en off bien sûr, et uniquement dans le domaine international. C'est la règle à laquelle il n'acceptera jamais de déroger.

Certes Chirac a soixante-treize ans, et il y a le décalage horaire. Mais tout de même. Il oublie les dates, les lieux, les mots usuels. Il commence par nous rappeler qu'il est le premier à avoir invité le président brésilien Lula à un G8. « Où était-ce déjà ? » demande-t-il à son sherpa. « À Évian », lui souffle Maurice Gourdault-Montagne. « Oui, mais en quelle année ? » Le conseiller : « En 2003. » Ce n'est pourtant pas si lointain. Jacques Chirac raconte aussi que pour préparer le prochain G8 en juillet, à Saint-Pétersbourg, il a appelé le président russe, Vladimir Poutine. Il s'enquiert d'un détail sans importance, éprouvant sans cesse le besoin de s'appuyer sur ses conseillers : « Quand est-ce que je l'ai appelé déjà ?

— La semaine dernière, mais vous l'avez appelé plusieurs fois », lui rappelle-t-on, tandis qu'un autre diplomate lui suggère, en lui passant discrètement un petit papier, d'évoquer ses « points communs avec Lula ». Il s'éloigne à l'évidence de ce qui était prévu, même si tout est soigneusement bordé pour montrer que le président va au mieux. Il parle d'un *Livre vert de la Commission européenne sur l'énergie*, qui a permis « de signer, comment ça s'appelle ?

— Un accord.

— Mais quand ? » demande-t-il encore. « Début janvier », lui souffle-t-on. Et cela continue ainsi pendant de longues minutes.

Il est alors interdit d'évoquer cette situation à l'Élysée. Quand j'en parle, même en privé, car cette scène m'a impressionnée, je m'entends répondre : « Vous attachez beaucoup trop d'importance au physique ! » Ou bien encore : « L'essentiel c'est que les réflexes soient bons et sains en période de crise. » Mais il m'apparaissait clairement que le président ne pouvait plus rien faire sans assistance.

C'est tout cela que je raconte dans « Chirac l'absent », une double page publiée dans *Le Monde* du 24 juin 2006. Jérôme Bonnafont, le porte-parole de la présidence, s'en plaint à la direction du journal : « Elle est incontrôlable ! » Un authentique compliment. La porte de l'Élysée me restera fermée pendant de longs mois. Je suis rayée des listes.

Les journaux étrangers ne se sont pas gênés, après le non au référendum sur la Constitution européenne, le 29 mai 2005, pour désigner le chef de l'État français comme l'« homme malade de l'Europe » – de façon métaphorique. *Die Süddeutsche Zeitung* le qualifiait de « perdant de tous les perdants ». Le grand quotidien belge *Le Soir* le jugeait « carbonisé ». En Italie, c'était pire : *Il Foglio*, le quotidien de la droite libérale, le désignait comme « un mort vivant ». Après un Conseil européen calamiteux, les 16 et 17 juin suivants, l'influent quotidien italien *Il Sole 24 Ore*, organe officiel de la Cofindustria, le Medef italien, demandait la « démission » du président français. Et *La Repubblica*, le grand quotidien de centre gauche, dressait de lui un portrait ravageur : « Il suffit de le regarder. Son regard est mélancolique, sa bouche se déforme en rictus. Sa faiblesse en France fait de lui un dirigeant boiteux en Europe. »

J'ai hésité, en 2003, avant d'écrire que le président souffrait d'une surdité qui s'aggravait avec les années. Aux séquelles de l'AVC s'ajoute désormais ce handicap qui l'isole terriblement. Comme tous les sourds, il se met à parler fort et demande souvent : « Comment ? » Il ne comprend plus tout, faute de tout entendre. Ou il ne dit plus rien et ce silence l'arrange. Il s'en va alors vers des rivages connus de lui seul.

Bien qu'aucune consigne explicite n'ait été passée, personne ne se risquerait à évoquer le problème à l'Élysée. Chacun a intégré qu'il n'aimerait pas que l'on en parle.

En novembre 2003, *L'Express* révèle pourtant que le président porte un appareil auditif. Il est alors auréolé par son refus courageux de prendre part à la guerre d'Irak et je ne suis pas certaine que l'information sur sa surdité mérite qu'on lui accorde une telle importance. Il me semble normal qu'un homme de bientôt soixante et onze ans puisse avoir des problèmes d'audition. Ce n'est quand même pas le cancer de Mitterrand ni la maladie de Waldenström dont souffrait Pompidou. Mal entendre n'empêche pas de gouverner si l'on est appareillé – et après tout, Bill Clinton, souffrant du même mal, l'avait été. Je connais aussi la force du *Monde* : je sais qu'un article relancera à coup sûr la polémique.

Jean-Michel Aphatie, croisé par hasard, me demande pourquoi faire d'un sujet qui touche cinq millions de Français un tabou, dès lors qu'il s'agit du président de la République. Je suis convaincue d'avoir trop tardé. Mon article paraît le 15 novembre. Il aurait suffi d'une confirmation de l'Élysée pour que le sujet passe au second plan. Elle ne vint pas.

Le mercredi 19 au matin, Roselyne Bachelot, interrogée sur RTL par Aphatie – prothèse or not prothèse ? – répond à la question fatale par l'affirmative. Chirac la prend à part avant le Conseil des ministres : « Tu sais, je n'ai pas d'appareil, j'ai simplement un petit pansement dans l'oreille. » Et l'inconsciente de lui tapoter la joue : « Jacques, arrête de dire des bêtises. »

Le ballet des courtisans, ce matin-là dans la cour de l'Élysée, est fascinant. « Le président est en pleine forme ! » dit l'un. « Personne ne pense qu'il n'est pas dans la pleine capacité de ses moyens ! » clame l'autre, tandis qu'un troisième se défausse de façon maladroite : « Je ne me permettrais pas de faire d'observations désobligeantes. » Le malheureux Henri Plagnol, secrétaire d'État à la Réforme de l'État, se risque à généraliser : « Si ça peut contribuer à la cause des malentendants pour que toutes les personnes qui en ont besoin puissent s'équiper en faisant les bons choix, ce serait une excellente chose. » Il lui en cuira ! Le porte-parole du gouvernement, Jean-François Copé, menteur patenté, lance aux journalistes que le président n'a « évidemment pas » d'appareil.

Les Chirac examinent à la loupe les réactions des ministres. À la fois pour mesurer s'il y a obligation de réagir et aussi pour établir la liste noire de ceux qui, à leurs yeux, ont failli à leur devoir de silence. Après treize jours de polémique, l'Élysée se décide enfin à publier un communiqué, qui dément sans démentir : « Le président n'est pas appareillé et s'il a testé un appareil, un jour, pour son confort, visiblement cela n'a pas été concluant. » De sa place, Roselyne Bachelot voyait parfaitement « le machin marron qu'il avait dans l'oreille. À son âge, ce n'était pas dramatique, ça ne me posait aucun problème ». Deux jours plus tard, elle croise Bernadette Chirac, qui lui lance d'un ton glacial : « Vous en faites de belles, madame. » Elle comprend que son sort est scellé. Claude ne l'appellera plus jamais, alors qu'elle l'avait choisie personnellement pour être la porte-parole de campagne de son père, en 2002. L'omerta s'est mise en place.

En privé, Chirac a dit : « Je ne vais pas mettre ce truc dans mon oreille. J'entends très bien. Et puis ça me permet de ne pas entendre un tas de cons. » Une explication comme une autre, sans doute la plus sincère, mais difficilement utilisable en direction du public. De toute façon, il a été prié lui aussi d'en dire le moins possible, surtout s'agissant de sa propre santé.

4

La vestale

« Je ne voudrais pas que tu croies que j'empêche quiconque de te parler. » Il fait très chaud en ce mois de juillet 2013, mais Claude Chirac est toute vêtue de noir : débardeur, chemisier transparent, pantalon. Tout chez elle est couleur de nuit en plein midi, sauf ses ballerines. À son doigt brille un gros diamant serti de brillants. Très beau. Un bijou de femme mariée.

C'est elle qui a pris l'initiative de notre déjeuner. Je demandais à la voir depuis plusieurs mois, pour ce livre, sans succès. Pour quel motif s'est-elle soudain décidée ? « Il me revient que tu as un avis très négatif sur Frédéric. Une fois, deux fois... La troisième fois je me suis dit qu'il y avait quand même quelque chose. Je ne voudrais pas qu'il y ait d'erreur dans le travail que tu fais. Frédéric est quelqu'un de tout à fait exceptionnel. Évidemment, c'est mon mari, je ne vais pas te dire le contraire et il a ses défauts, comme tout le monde. Mais c'est quelqu'un de fondamentalement intègre et loyal. »

C'était donc cela... Elle parle de façon directe, sans fuir mon regard. Une migraine tenace lui mord la nuque, comme souvent. En repartant, après le déjeuner, dans l'escalier du restaurant, elle passe sa main derrière la tête : « Ça va mieux, là. » Je pense que l'aspirine que je lui ai donnée n'y est pour rien.

Il faut comprendre que Claude Chirac n'a confiance en personne, ou presque. C'est une femme de cinquante-deux ans maintenant, qui entretient toujours une relation exclusive avec son père. Elle s'est mariée deux fois, avec des hommes pour lesquels Jacques Chirac était une figure professionnelle centrale – ainsi, à travers eux, ne l'a-t-elle jamais quitté.

À l'Hôtel de Ville, au RPR, dans les années 1980, il l'impose. « Elle dînait très souvent en tête à tête avec lui. Elle nous dégommait et Bernie prenait ses petits cachets », résume un peu perfidement Pierre Charon, à l'époque conseiller du maire de Paris. Qu'il se plaigne de ne pouvoir travailler en confiance et Chirac coupe court : « Écoutez, Pierre, vous savez le problème que j'ai avec ma fille aînée, alors faites avec. » Ils ont tous fait avec, ou ils sont partis.

L'anorexie de Laurence, l'aînée de deux ans, douée et sérieuse, est la tragédie familiale autour de laquelle se noue l'histoire du clan Chirac. C'est le personnage-clé que personne ne voit. La fille cachée, effacée du paysage médiatique et politique. Laurence n'a pas pu passer l'internat de médecine, car elle pesait vingt-sept kilos, comme si elle s'était elle-même escamotée, une plume prête à s'envoler. Le 13 avril 1990, ses parents et Claude sont à peine partis en Thaïlande qu'elle se défenestre du quatrième étage. Tous trois apprennent cette atroce nouvelle en arrivant à Bangkok. Les informations filtrent si peu sur ce drame que, sur la foi de simples rumeurs, les condoléances affluent à l'Hôtel de Ville. On la croit morte. Quand les conseillers en communication suggéreront que Chirac pose avec ses deux filles pour que cessent ces allégations morbides, le maire de Paris refusera. Il faudra attendre 2007 pour qu'il parle de Laurence à quelqu'un d'extérieur et confie à Pierre Péan : « C'est vraiment le problème de ma vie. »

Claude a grandi ainsi, dans le culte du secret et de l'absente. « Tu sais, c'est très difficile pour moi d'être celle qui n'était pas malade », a un jour avoué la fille du président, plutôt avare de confidences, à Agathe Sanson qui en a tiré cette subtile conclusion : « Elle n'avait jamais le droit de se plaindre et c'est tout elle. Il fallait qu'elle vive les deux vies, celle de sa sœur et la sienne. » Claude s'est fixé l'injonction d'être le vaillant soldat, une femme dure, vouée tout à la fois à mener le combat aux côtés de son père et à le protéger.

Est-ce le faible qu'a Chirac pour Laurence, son portrait craché, si brillante, qui a favorisé chez Claude ce complexe affiché envers les intellectuels et les études ? Elle répète à l'envi qu'elle n'a pas de diplôme, mais travaille d'arrache-pied, à sa manière, intuitive et combative.

Son premier mari, Philippe Habert, était un spécialiste de l'opinion et des sondages, dont l'idole politique s'appelait Jacques Chirac : il croyait en son étoile, même au plus bas et bien avant son accession à l'Élysée. C'était un esprit indépendant, capable de critiques acérées, un peu agité, toujours sous pression. Son mariage avec Claude, en septembre 1992, a laissé ses amis stupéfaits, car ils pensaient que ce collaborateur du *Figaro*, proche d'un de ses dirigeants, Philippe Villin, était en réalité homosexuel. Dans son discours, Jacques Chirac, mariant lui-même sa fille, prononça cette drôle de phrase : « J'espère, Philippe, que tu réaliseras ses rêves. » Les cadeaux de mariage, en provenance du monde entier, ont rempli une salle de la mairie de Paris. Jamais ouverts, ils seront mis sous scellés.

Sept mois plus tard, Philippe Habert est retrouvé mort, après une absorption médicamenteuse. Le mot de « suicide » n'est pas prononcé, mais chacun y pense. Il devient tabou pour cette famille et sera même supprimé d'une dépêche de l'AFP. Cela fait exactement trois ans que Laurence a tenté de mettre fin à ses jours et ce ne sera pas sa seule tentative. Après la mort de leur gendre, les Chirac s'occupent de tout. Bernadette traite avec le commissaire, son mari avec le préfet. Claude est entendue dans le plus grand secret par la police à l'Hôtel de Ville. Alors que le cimetière parisien de Pantin est déjà fermé, deux hommes à moto viendront, à 21 heures passées, au domicile de son régisseur pour trouver l'emplacement où sera inhumé le mari de Claude Chirac, non loin du carré israélite. Habert avait trente-quatre ans et elle trente.

Cette nouvelle tragédie l'a peut-être prévenue pour un temps contre le mariage, qui avait été pour elle une cérémonie sociale spectaculaire, avec des centaines d'invités, le gratin de la politique, du show-biz, de l'argent. La question ne semble pas s'être posée avec Thierry Rey, le judoka, pourtant père de son fils Martin, né en 1996.

Si Claude se marie, ce sera éternellement avec son travail. Lorsque nous nous voyons, pour un deuxième entretien, en ce mois de juillet 2013, elle me parle de son père et de son mari avec admiration, en se plaçant toujours dans une position subalterne. « Chirac, c'est quelqu'un qui a une ouverture, une curiosité, l'envie d'appréhender le monde. Il sait l'Asie, les pays arabes, l'Afrique. Il sait. Il connaît. Les peuples, leur histoire. J'ai grandi avec cela, le monde multipolaire. Ce n'est pas qu'il soit surdoué ou qu'il ait une case de plus que les autres. C'est la *culture*, dit-elle en appuyant sur ce mot. Moi je ne suis pas cultivée, je n'ai pas de diplôme. Frédéric est très cultivé, il a tout lu, il a beaucoup travaillé. Ce n'est pas comme Jacques, mais il est très cultivé aussi. » C'est la première fois que je l'entends dire « Jacques », le plus souvent elle dit « Chirac », ou « le président ». Mais jamais « mon père » ou « papa », comme si l'effacement de cette qualité pouvait introduire une illusoire distance.

Quand le colosse commence à vaciller, que le pouvoir tremble sur ses bases, et malgré l'exclusivité tout à fait inimaginable de cette relation père-fille, Claude et Frédéric se rapprochent. Dans l'adversité, leur complicité professionnelle se renforce, leurs manières de voir se confondent.

Un jour d'avril 2005, pendant la campagne référendaire, le président lance à quatre-vingts jeunes réunis sur un plateau de télévision une formule restée, hélas pour lui, fameuse : « Je ne vous comprends pas. » Il apparaît vieilli, usé, fatigué. Il répète un peu machinalement des phrases écrites en gros caractères sur des fiches surlignées en rose ou jaune fluo et le cousu main de Claude et Frédéric craque de partout. Elle reconnaît maintenant, en s'accablant sans doute de manière excessive : « On n'a pas bien travaillé en amont. C'est de notre faute. Peut-être qu'il n'avait pas assez d'énergie ce jour-là. » Frédéric, lui, jugera bon d'offrir sa démission au président de la République, après l'émission. Il n'imagine bien sûr pas une seconde qu'elle sera acceptée, mais il s'en flatte aujourd'hui. Face à cette surenchère sacrificielle un peu ridicule, Chirac répond : « C'est aberrant » et n'en parle plus.

Claude Chirac traverse des moments de déprime terribles, en cette fin de règne. Mais l'enfermement de son père empire. Nous, les journalistes accrédités à l'Élysée, sommes abreuvés de discours officiels longuement polis, mis en bouche et débités par un président momifié. « Ça a toujours été le problème de Claude : la peur que son père fasse une gaffe. Si toutes ses prises de parole étaient contrôlées, archi-contrôlées, il n'était pas bon. Il avait l'air de réciter mécaniquement quelque chose. Alors qu'il était formidable quand il était spontané, il était génial, observe une ancienne de l'Élysée. Elle le surveillait comme le lait sur le feu, comme s'il allait accumuler les boulettes, alors que c'était un homme très intelligent. Cette situation m'a toujours choquée. »

À cette époque, je pensais souvent à cette nouvelle étrange de Dino Buzzati, publiée en 1958, *L'Écroulement de la Baliverna*, qui raconte l'histoire d'un « édifice immense », une sorte de forteresse paraissant défier le temps, qui soudain s'effondre sur elle-même. La Baliverna c'est aussi cela : un entassement de mots vides de sens tant celui qui les prononce les a désertés – et qui s'écroule. Le roi n'y est plus. La guerre de succession, ouverte et sanglante, supposée finir, selon Nicolas Sarkozy, « sur un croc de boucher » le fatigue.

Claude fait donc ce qu'elle a toujours fait : au printemps 2006, elle commande des sondages. Une dépense bien inutile. Cinq études qualitatives conduites à Paris et en province sur des groupes de dix personnes à chaque fois, dont elle observe les réactions derrière une glace sans tain. Elle ressort livide de ces séances éprouvantes. Voici ce qu'elle entend, pêle-mêle, de la part de ces Français qui parlent très librement, ne se sachant pas observés : « Chirac est un homme qui est là et qui n'est pas là en même temps. Il a investi la fonction, mais pas l'action, l'action c'est Sarkozy. Dans la basse-cour, il représente le vautour. Il se cache pour mourir. Son passé de maire de Paris est plutôt positif. Quand il a été élu à 82 % en 2002, il n'a pas été heureux. Bernadette a fait la gueule place de la République et lui-même n'avait pas l'air si satisfait. Il est plus à gauche que Mitterrand, qui était, lui, un homme de droite [!]. Il n'est pas de gauche comme un gaulliste social, mais à gauche tout en étant à droite, ce qui ne satisfait personne. On attend qu'il parle. Les lunettes, c'est un signe de vieillissement normal, et même l'accident cérébral, mais ce qui ne va pas c'est qu'il n'a rien dit après le désastre du CPE [contrat première embauche pour les jeunes]. Villepin est carbonisé. La seule qui peut sauver Chirac pour le temps qu'il lui reste, c'est Bernadette : famille + patrie + pièces jaunes = bon cocktail. Ses apparitions aux *Guignols de l'info*, sur Canal+, lui donnent un côté très humain, avec son pantalon remonté jusque sous la poitrine. C'est un peu beauf, mais c'est bien. En même temps, il garde du mystère. Est-ce Bernadette qui régit les choses au palais ? Est-ce Claude ? Ou bien les conseillers ? Qui a le pouvoir ? Est-ce qu'on le manipule ? Est-il un homme sous influence ? Est-ce lui qui porte la culotte ? Serait-il mal entouré ? »

Claude fait jurer les yeux dans les yeux aux quelques personnes dans la confidence de ne rien dévoiler du contenu de ces études. Mais celles-ci m'ayant été révélées, *Le Monde* en publie des extraits. Dès lors c'est toute sa stratégie qui gît à terre. Le discours du Vel' d'Hiv', celui de Johannesburg, le refus de la guerre d'Irak, il ne reste plus rien dans la mémoire collective, à ce moment-là. Le feu politique s'éteint et son devoir de vestale l'oblige à faire croire qu'il brûle encore. Il lui faudra bien trouver un moyen.

La réplique de l'Élysée va bientôt se présenter sous les traits de Pierre Péan. Je ne connaissais pas l'auteur du livre que l'on sait, *La face cachée du « Monde »*[1],

---

1. Mille et une nuits, 2003.

écrit avec Philippe Cohen, qui avait provoqué un schisme au journal et déstabilisé la rédaction. C'était la première fois que nous étions attaqués de façon aussi violente.

Il me paraissait d'autant plus utile de voir Pierre Péan, dix ans plus tard, que je voulais comprendre s'il avait été ou non l'instrument de Claude et de Frédéric Salat-Baroux, dûment approuvés par Bernadette Chirac. C'est en fait à sa propre initiative que Péan va écrire un livre à la gloire du chef de l'État, *L'Inconnu de l'Élysée*[1], publié deux mois et demi avant la présidentielle de 2007, avec ce dos de couverture éloquent : « [Chirac] va-t-il oser se représenter ? Préférera-t-il se retirer sans donner aucune consigne de vote ? Apportera-t-il au candidat de la droite ultralibérale [Sarkozy] un soutien assez chiche pour valoir celui que la corde apporte au pendu ? »

Quand je rencontre Péan, chez lui, en banlieue parisienne, en juillet 2013, il me dit d'emblée : « On m'a beaucoup reproché d'être favorable à Chirac, je l'assume. J'ai de l'affection pour ce type. Après 2007, je passais régulièrement le voir, rue de Lille. Maintenant Claude Chirac m'empêche de le voir. Je n'ai pas supporté ce qu'elle a dit à d'autres : que je venais pour lui extorquer des infos. » Péan a eu l'« imprudence » de demander un jour à Chirac s'il connaissait Alexandre Djouhri, ce sulfureux intermédiaire des marchés de l'armement, de l'eau et du pétrole, intime de Dominique de Villepin et d'Henri Proglio. Djouhri était aussi réputé proche de Claude Chirac. La fille

---

1. Fayard, 2007.

du président a fermé définitivement la porte à Péan. Elle avait pris peur et, surtout, n'avait plus besoin de lui.

Mais à l'été 2006, Claude et Frédéric le reçoivent très gentiment à l'Élysée : « À mon avis, à ce moment-là, ils sont déjà ensemble, me glisse Pierre Péan. Il est surtout question de mes autres livres. Salat-Baroux me dit qu'il a beaucoup aimé *Dernières volontés, derniers combats, dernières souffrances*[1] », ce livre écrit pour répondre aux critiques contre la fin de règne de François Mitterrand. « Ils m'ont surtout dit beaucoup de bien de mon livre sur *Le Monde*. Quand Bernadette m'a reçu, elle m'a déclaré : "C'est une œuvre d'intérêt général !" ».

Lors du premier rendez-vous dans son bureau, Jacques Chirac ne lui parle que de l'ancien président socialiste. Il désirait et avait parfois connu les mêmes femmes que lui, il voulait le même biographe. Le président évoque aussi l'un de ses autres livres, *Une jeunesse française*[2], ce best-seller qui révélait l'amitié de Mitterrand avec René Bousquet, le collabo. Mitterrand, assure-t-il, lui en avait dit un jour le plus grand bien, ainsi que de son auteur.

Les deux hommes se sont vus une quinzaine de fois, pendant une heure et demie. « Parfois Salat-Baroux venait, raconte l'écrivain, il était celui qui empêchait qu'il aille trop loin. Quand il était là, Chirac se censurait. » Au final, si l'on oublie son versant hagiographique, cet ouvrage est un document

---

1. Plon, 2002.
2. Fayard, 1994.

exclusif et intéressant. On y relève en particulier cette phrase sidérante dans la bouche de Chirac : « Je ne crois pas aux sondages, qu'ils soient bons ou mauvais. C'est ma grande différence avec Sarkozy... Je lui dis toujours : "Arrête de te fier aux sondages !" » Alors même que sa fille en commandait à profusion...

À la sortie de *L'Inconnu de l'Élysée* Péan tombe gravement malade. C'est Jack Dorol, le médecin du président, qui l'accueille au Val-de-Grâce. « Chirac m'a appelé au moins soixante fois, raconte-t-il. Il savait bien mieux que moi ce que j'avais. » Par la suite, ils entretiendront les relations les plus amicales..., jusqu'à ce que Claude ferme définitivement la porte sur leur relation.

Il reste à Pierre Péan ses souvenirs et un cadeau, si symbolique, que lui a offert l'ancien chef de l'État. Devant moi, il enlève de son poignet une grosse montre de plongée et me montre l'inscription, gravée au dos, dans le métal : « Le GSPR à Jacques Chirac ». Il s'agit du Groupe de sécurité de la présidence de la République, créé en 1983 par le colonel Christian Prouteau pour la protection rapprochée de François Mitterrand et de sa fille cachée, Mazarine.

« Il ne faut pas croire que l'on protège quelqu'un malgré lui », me glissera Claude Chirac avant de me quitter, en remontant sur son nez ses lunettes à fine monture. C'est sa version de l'histoire, peut-être n'est-elle pas fausse. Même si son emprise sur son père paraît indiscutable.

5

Adieu, palais

Il n'y aura pas de tournée des adieux. En 1995, François Mitterrand avait eu un dernier rendez-vous avec l'Histoire : Londres, Berlin, Moscou, la reine d'Angleterre et son ami Helmut Kohl. Cinquante-trois chefs d'État s'étaient déplacés dans le sillage du vieux sphinx pour fêter, après un demi-siècle, la fin de la Deuxième Guerre mondiale. Il avait prononcé des discours beaux comme des testaments métaphysiques – en évoquant la politique, c'était toujours de lui qu'il parlait.

Chirac, lui, ne veut rien. La cellule diplomatique lui propose plusieurs voyages, mais il reste là, à l'Élysée. En dépit du référendum perdu, en 2005, il aurait pu quitter la scène internationale d'une manière qui aurait fait date. Il y a plus d'une fois laissé parler sa personnalité, comme à Jérusalem, en 1996, où son algarade avec le service d'ordre israélien a fait le tour du monde : « *What do you want ? Me to go back to my plane and go back to France ?* » Il n'est jamais meilleur qu'au naturel.

« Il n'a pas la culture immense de Mitterrand, surtout littéraire, mais il tranchait vraiment dans le monde par sa capacité à comprendre la culture de l'autre, par sa connaissance des civilisations non occidentales. Plus le monde est interconnecté, plus la classe politique est locale, inculte, incapable de comprendre le monde comme il est », considère Hubert Védrine, l'ancien ministre des Affaires étrangères de Mitterrand, que Jacques Chirac a apprécié au temps de sa cohabitation avec Lionel Jospin. Les deux hommes n'ont jamais interrompu leurs conversations, au-delà du pouvoir.

Chirac est un homme adoré dans le monde arabe. Avec ma consœur Florence Beaugé, nous avons assisté aux bains de foule auxquels il s'est livré en compagnie du président algérien Abdelaziz Bouteflika à Alger et à Oran, au début du mois de mars 2003, en pleine guerre d'Irak. À Alger ce fut un moment inouï, inoubliable – même s'il fallait faire la part de la mise en scène organisée par le pouvoir algérien et celle de la pression de la foule pour obtenir des visas. Un demi-million de personnes étaient massées le long du boulevard Zirout-Youcef, l'ex-boulevard Carnot et le long du front de mer. Un cri jaillissait de la foule comme d'une gorge unique, scandant : « Chi-rac, Chi-rac » ou : « Pas de guerre en Irak ». Il n'en finissait pas de sourire, d'embrasser les enfants, de serrer des mains, couvert de sueur et de confettis, tirant des bords de chaque côté du boulevard. À Oran, ils étaient près de huit cent mille et ce fut du délire. C'est assez rare de vivre cela. Comme ce voyage que nous avons fait en Arménie, en septembre 2006, avec les Arméniens de Paris, Manoukian, Bilalian, Devedjian, Mikli(tarian), Petrossian, Djorkaeff... Et bien sûr Aznavour. Au mémorial du génocide, ils pleuraient.

Il n'y aura donc pas de tournée des adieux. En lieu et place, Frédéric Salat-Baroux a écrit un discours. « C'était quelque chose qui me tenait très à cœur, m'explique-t-il. Le contexte était compliqué. La mécanique Sarkozy était en route. Il y avait un vrai phénomène de solitude de Chirac. Et une minimisation de son action. » Je suis ébahie de l'entendre parler de solitude du président alors que Claude et lui contribuaient de plus en plus à l'enfermer. Et que Jacques Chirac ne parlait jamais aux journalistes.

FSB poursuit : « Je voulais vraiment quelque chose de bien pour lui. On y a beaucoup travaillé. Je dictais, on jetait, on recommençait. On a fait cent six versions du texte. »

Mais Chirac, lui, avait-il envie de cet exercice ? « Ah non, il n'en avait pas du tout envie », me répond Salat-Baroux. Le président venait dans le bureau du secrétaire général, il écoutait, il repartait. « Le soir, je retravaillais chez moi en écoutant du Calogero », raconte toujours Salat-Baroux. Un jour, dans la multiplicité de ces versions martyres, arrive une phrase : « Cette France que j'aime autant que je vous aime. » Chirac la voit et la rejette : « Ah non. Ça, non. »

« Moi, dit l'ex-secrétaire général, j'étais archidéterminé à ce qu'il la prononce. Je propose de la mettre entre crochets pour le moment. Mais je la laisse dans toutes les versions jusqu'à la fin. » Chirac résiste. Il juge que cela ne se fait pas. Il finit par s'agacer vraiment : « Qu'est-ce que c'est que ce truc ? »

Sa pudeur, l'idée qu'il se fait de sa fonction ne l'empêchent certes pas d'éprouver de tels sentiments mais il lui répugne de les énoncer en public. Au moment de dire qu'il ne se représentera pas, Jacques Chirac veut recommander aux Français quelques valeurs (n'oublions pas qu'il est le petit-fils de quatre instituteurs et institutrices) : ne composez jamais avec l'extrémisme, le racisme, l'antisémitisme ; croyez en vous et en la France ; n'abandonnez pas l'idéal européen ; ne regardez pas ailleurs quand la maison brûle. Il est évidemment d'accord avec ce viatique essentiel, consensuel, qui sera salué comme tel. Mais des formules d'amour, « ça, non ».

Laissons la parole à Frédéric Salat-Baroux pour la fin de l'histoire. Cela permet de mieux comprendre ce qui se jouait alors dans ce palais. Et combien les fins de règne peuvent être tristes.

« Ça a été épique. Je me suis tellement battu qu'il a fini par se dire que ce que je lui proposais avait du sens. Il fallait maintenant qu'il arrive à le dire, il l'a fait. Après quarante ans de carrière, il ne pouvait pas partir comme ça sans dire aux gens qu'il les aimait. Il fallait lui imposer ça, parce que c'était quelque chose qui lui ressemble. Il l'éprouvait, il n'y a aucun doute là-dessus. Claude a dû voir une mouture par jour, elle était archi d'accord avec moi sur la phrase. Il n'y a que lui que ça gênait. Le lien entre les Français et le président, c'est un lien à part. Donc il fallait qu'il le dise. Dans tous ces moments inhumains du pouvoir, il faut bien qu'il y ait un peu d'humanité. J'ai su que j'avais raison parce que le lendemain, *Le Parisien* a titré : "Chirac réussit sa sortie". »

Chirac laisse faire, de guerre lasse. Est-ce Claude qu'il ne veut pas contrarier ? La puissante déprime qui le saisira à la sortie du pouvoir est-elle déjà à l'œuvre ?

Dans quelques semaines, un autre sera élu et investira ce palais que sa femme et lui ont occupé jour et nuit pendant douze ans. Ce n'est pas seulement un lieu qu'il faut quitter, c'est l'objet d'une vie entière : devenir et être président de la République. C'est toute son existence qui appartient désormais au passé.

L'énoncé de ce testament politique a lieu un dimanche, dans la salle des fêtes de l'Élysée. Le soir tombe. Comme d'habitude, l'enregistrement terminé et l'allocution presque aussitôt diffusée à la télévision, la fille du président offre un verre et quelques sandwichs aux équipes de techniciens. Comme d'habitude, Michel Baloche, le fidèle régisseur – depuis les temps anciens du RPR –, est là, avec les trois militaires qui composent sa petite équipe, installée au 4, rue de l'Élysée. Comme d'habitude, les responsables de la presse filent dans leur bureau pour répondre à d'éventuelles questions et diffuser le discours sur le site elysee.fr.

Mais rien n'est plus pareil. « On passait notre vie ensemble et on savait que c'était fini. Sa déclaration pour dire qu'il ne sera pas candidat, c'est un moment très particulier. L'officialisation de la fin du parcours. C'était le moment le plus émouvant », se souvient Agathe Sanson. Claude a réussi cela, former une seconde famille, professionnelle, avec quelques personnes proches qui travaillent à ses côtés. Un petit clan assez soudé, malgré les inévitables hiérarchies d'influences propres à la vie de palais.

C'est long, douze ans. Assez long pour savoir en qui l'on a confiance, qui l'on apprécie ou pas. Personne n'en mène large, ce soir-là. « On était très peu nombreux. Il était debout à un pupitre. Il est mieux debout, il se déplie. On avait essayé assis, mais ça n'allait pas », se rappelle Claude. Jacques Chirac s'en va donc debout. Il ne s'est jamais préoccupé de ces questions d'organisation, de décor, de symboles, qui faisaient l'obsession de Claude. Il lui faisait confiance. Il a simplement demandé à ses collaborateurs, dont il percevait l'émotion : « Alors, les lunettes, je les mets ou je ne les mets pas ? » C'est Claude, bien sûr, qui a répondu : « Fais comme tu le sens, comme tu es le plus à l'aise. » Elle pensait à tout, vivait, respirait, raisonnait Chirac sans relâche. Son père, son grand homme, sa bataille, sa névrose.

Un souvenir lui revient, au moment de tout quitter, celui d'une des premières allocutions du septennat en 1995. Chirac, assis à son bureau, avait annoncé la libération des deux pilotes français détenus par les Serbes de Bosnie. Les caméras s'éteignirent. « Oh c'est bête, a dit alors le président devant Claude et Michel Baloche, les yeux écarquillés, j'ai buté sur un ou deux mots, vous ne croyez pas qu'il faudrait la refaire ? » Il n'avait pas compris qu'il était en direct.

« On s'est regardés avec Michel, on était tout blancs. On a frôlé le pépin majeur ! Ça a été une leçon. On était encore dans la découverte d'une grosse machine », avoue Claude aujourd'hui.

Ce 11 mars 2007, c'est le noyau dur des fidèles qui est là, pour écouter le président dire : « Je ne solliciterai pas vos suffrages pour un nouveau mandat. » Il y a même Martin, venu écouter son grand-père, et Bernadette Chirac qui, d'habitude, ne se mélange pas à la petite troupe qui entoure Claude. « Heureusement qu'elle était là pour réfrigérer l'atmosphère, parce qu'on était tous très émus. C'était juste le glaçon qu'il fallait », ironise un conseiller du premier cercle. Chacun regagne son bureau sans traîner, pour ne pas se laisser submerger par l'émotion. Ils ne veulent rien lui montrer de leurs sentiments, ils savent qu'il n'aimerait pas cela. Mais pour tous, un monde s'écroule.

De quoi demain sera-t-il fait ? Dans les dernières semaines, le président et le secrétaire général se sont attelés à la tâche de trouver des postes et des places – le « plaçou » comme aurait dit Chirac le Corrézien. Chirac a toujours fait cela. C'est son dernier pouvoir. Parce qu'un chef n'abandonne pas ses troupes après la bataille, parce que ce sont les règles non écrites de la politique, parce qu'il vaut mieux s'assurer des fidélités. Et c'est dans sa nature. Par osmose, Salat-Baroux goûte lui aussi ce pouvoir de nommer : il explique aux uns et aux autres ce qui est possible, ce qui ne l'est pas.

Une sourde bataille l'a opposé à Maurice Gourdault-Montagne, le sherpa, pour la direction de la

Caisse des dépôts et consignations. « J'ai hésité jusqu'au moment où j'ai monté l'escalier, un dimanche, pour aller voir le président. Il était très pour. J'ai renoncé pour des raisons de circonstances », dit FSB. Aux journalistes, il répète cette phrase, comme un mantra : « Je serai le dernier à éteindre la lumière. » Il a pour cela un moteur très puissant : Claude. Et, croit-il, un engagement de Nicolas Sarkozy de le nommer ministre.

Bernadette Chirac a organisé un dernier déjeuner, en bonne maîtresse de maison, quinze jours avant le départ. Tout le cabinet, avec les conjoints, soit une soixantaine de personnes. Frédéric Salat-Baroux est à la table de sa future belle-mère. Mais personne ne s'en doute. Les yeux de certains conseillers se dessillent pourtant ce jour-là, sur la romance qui s'est nouée entre le secrétaire général de l'Élysée et la fille du président. Claude est très en beauté, elle a ouvert plus grand son chemisier, elle sourit tout le temps, mais jamais à FSB. Elle le fuit avec soin, alors qu'ils passaient leur vie à s'envoyer des textos. Certains se remémorent soudain un dîner officiel à l'Élysée, où Claude n'avait cessé de dire à tous, de l'épouse du secrétaire général : « Regardez comme elle est jolie ! », pour donner le change.

Le bureau de Chirac est vide bien avant ceux des autres. Il est très ordonné, très organisé. Le rangement se fait vite. Le président est presque en avance.

Quand arrive le dernier jour, « il y a le bureau, la chaise, mais plus rien de soi. On est arrivés très tôt. On s'est retrouvés pour un petit déjeuner dans le bureau de Salat-Baroux. Chirac vient. Tout le monde est très ému. C'est un moment lunaire, surréaliste. On s'est déjà tout dit. On échange des banalités. On regarde à la télé l'arrivée de Nicolas et après on est dans la cour... » Tel est le récit, sensible et distancié, d'Agathe Sanson.

J'ai quant à moi le souvenir de Claude, vêtue d'un joli blouson en chevreau rouge, si gai, alors qu'elle pleurait. Mais personne ne s'est laissé aller aux larmes devant lui, le président. Pas même sa fille.

Chirac a agité sa grande main par la portière de la voiture, sous les acclamations du personnel de l'Élysée, le gravier a crissé sous les pneus de la Citroën C6 et les vivats ont recommencé dans la rue, de l'autre côté des grilles, franchies à petite allure.

Dans une aile du château, pourtant, quelqu'un n'en finit pas de faire ses cartons. Quelqu'un pour qui ce départ est plus qu'un arrachement. Au rez-de-chaussée, dans l'immuable salle des fêtes, la cérémonie d'intronisation de Nicolas Sarkozy a déjà commencé. La garde républicaine est aux cent coups, car Bernadette, la « tortue », est encore en train de mettre en caisses la partie de sa vie qu'elle a préférée. Le matin même, cette insomniaque qui peut regarder la télévision jusqu'à l'aube n'a pas réussi à se lever. Elle s'en ira, plus tard, par la grille du coq, la porte opposée à celle empruntée par son mari, de l'autre côté de l'Élysée, alors que tout le monde a déjà plié bagage. La dernière à quitter « sa » maison.

6

La dernière reine

Bernadette aime paraître. Ses demeures doivent refléter le faste qui convient à son rang. En Corrèze, un château, imposante bâtisse du XVIe siècle avec tour carrée et échauguettes, acquis par les Chirac en 1969. Jean-Louis Chodron de Courcel et sa fille Bernadette furent enchantés de leur trouvaille, qui formait un écrin imposant et sombre, d'une austérité démentie par les petits carreaux à la française. Il n'a d'inélégant que le nom, Bity.

L'hôtel de Matignon, rue de Varenne, avec ses trois pavillons XVIIIe, ses marbres, ses lustres, ses bustes, fut en réalité le premier lieu d'apprentissage de son métier de reine de France. Tandis que son Premier ministre de mari (1974-1976) endurait le président Giscard d'Estaing et se consolait auprès des femmes, son épouse tenait la maison d'une main de fer, exerçant auprès du petit personnel l'autorité qu'elle n'avait pas avec lui. C'était un endroit classique et beau, peu commode pour une famille.

Mais c'est à l'Hôtel de Ville de Paris, durant dix-sept ans, de 1977 à 1995, que Bernadette Chirac a pu donner sa pleine mesure. Des appartements gigantesques aux plafonds vertigineux, des ors et des bleus, des fresques et des tapisseries, des salons solennels où l'on servait d'inoubliables buffets à tout ce qui compte en ce bas monde, voilà qui lui avait permis d'exprimer tous ses talents. Elle regretta infiniment ces grands espaces. Au point d'y laisser des effets personnels pour une durée indéterminée – au grand agacement de Xavière Tiberi, pourtant accommodante les premiers mois.

En arrivant à l'Élysée, Bernadette trouva tout trop petit. Au moins fallait-il que cela soit à son goût. Elle exigea que l'on rénove pour elle les appartements du roi de Rome, dans l'aile ouest du palais, et cela dura, dura. Elle mit un temps fou à défaire ses cartons. Si bien qu'en janvier 1996, au moment de partir voir Jean-Paul II pour une visite d'État au Vatican, il se produisit un mini-drame : elle ne retrouvait pas sa mantille. Il n'était, naturellement, pas question d'en racheter une.

Une fois dans son élément, rien ne fut trop beau pour la maison France. Il fallait des fleurs partout. Bernadette poussa le souci du détail jusqu'à emmener les fleuristes de l'Élysée à la biennale des Antiquaires pour qu'ils observent, sur des tableaux d'époque, la décoration des tables... de la royauté. Les nappes, les bouquets, les cristaux, rien ne lui échappait.

Si Hassan II, feu le roi du Maroc, venait à dormir à Marigny, hôtel particulier et résidence présidentielle située sur le flanc de l'Élysée, Bernadette Chirac inspectait tout elle-même – et faisait remplacer les draps qui lui déplaisaient par ceux de son trousseau personnel. « On avait toujours l'impression de la déranger chez elle », observe un ancien collaborateur du palais.

Malheur à Bertrand Landrieu, le directeur de cabinet, quand il renâclait devant les frais somptuaires engendrés par la décoration des lieux, confiée à Alberto Pinto. Le budget de fleurs avait doublé et quand il arrivait que l'intendance impose de choisir entre souper et concert, l'épouse du président enrageait. Bernadette aimait être obéie. Les mondanités avaient si bien peuplé sa vie – et Jacques l'abandonnait souvent. Combien de fois des convives un peu gênés l'ont-ils vue trotter derrière son mari en demandant désespérément : « Mais enfin, Jacques, vous dînez là ce soir ou pas ? » Et lui de répondre, sans même se retourner : « Bernadette, vous m'emmerdez ! »

À l'Élysée, cependant, Mme Jacques Chirac se sentait tellement chez elle qu'elle jugeait comme une intrusion tout dîner qu'elle n'y avait pas elle-même organisé. Une douzaine des invités de Dominique de Villepin eut un soir la malchance de la croiser dans un salon du premier étage. « Ah, monsieur le secrétaire général, je pense que l'Élysée vous appartient désormais ! On organise des dîners tous les soirs... » Et elle tourna les talons, sans saluer personne. Au point que Chirac jugea bon de passer lui-même pour discuter un moment avec le peintre belge Philippe Lempereur, l'archevêque de Sankara et Salah Stétié, poète, écrivain et diplomate libanais, lié à Villepin. Le président fuyait les mondanités, mais il savait se tenir.

Je me rappelle encore la phrase par laquelle Bernadette Chirac m'accueillit pour la première fois à l'Élysée, en 2002 : « Bienvenue dans cette maison. » Sous l'apparente banalité de la formule de politesse, je ne pouvais manquer de percevoir qu'elle adorait son rôle de maîtresse de la maison France. Il n'était un mystère pour personne qu'elle aurait volontiers passé à l'Élysée le restant de ses jours. En partant, elle dira : « C'est nous qui avons fait tout cela. »

Ce n'est pas seulement pour cette raison qu'il est si dur de quitter les lieux, en ce mois de mai 2007. Bernadette est devenue quelqu'un, la « première dame de France », une expression populaire dans laquelle chaque mot compte. « C'est la reine. La personnalité la plus forte, la plus originale, la plus mondaine, la plus mordante, la plus snob, la plus simple. Elle fait des trucs incroyables », dit d'elle Christine Albanel, l'ancienne plume de Chirac.

Comme toute reine, Bernadette craint de perdre son rang, de se voir privée des honneurs qui en découlent, de sombrer dans un néant social pire que la mort en quittant les lieux du pouvoir. Peu avant ce dernier jour à l'Élysée, lors d'un dîner à l'ambassade d'Allemagne, elle fait le tour des sept ou huit tables, composées chacune d'une dizaine d'invités, en donnant ici et là son numéro de téléphone : « Vous ne m'oublierez pas, n'est-ce pas ?... » Un convive ébahi raconte : « Cette hantise de ne plus être sur les listes, c'était très triste et pathétique, les gens n'en revenaient pas. »

Elle continue à être conviée, cependant, partout où il faut l'être. Aux vernissages du centre Pompidou bien sûr, à la direction duquel Chirac a placé un ancien conseiller de l'Élysée, Alain Seban. Claude Pompidou, disparue en juillet 2007, était aussi une amie chère du couple. En octobre, Bernadette Chirac croisera à Beaubourg Bernard Arnault, à l'occasion d'une exposition Giacometti, dont il est le sponsor. C'est alors qu'elle lancera au patron de LVMH médusé : « Depuis quand saluez-vous les mortes, vous ? »

Malheur à celui qui oublie Bernadette, parmi le petit peuple des obligés de son mari – ou du moins est-ce ainsi qu'elle les considère. L'ancien ministre de la Culture, Jean-Jacques Aillagon, obtient grâce à Chirac la direction du château de Versailles en juin 2007, mais il a le tort d'omettre l'ex-première dame parmi les invités des concerts et des spectacles d'art contemporain qui font du château un lieu mondain très prisé. « Un homme que mon mari a fait ministre ! Il lui doit toute sa carrière, se conduire de cette façon ! » s'offusque Bernadette.

Tout lui est dû. « *She takes everything for granted* », me dit un jour un ami du président. Il lui est arrivé d'entendre Mme Chirac se plaindre des Pinault qui n'avaient pas mis d'avion à sa disposition pour se rendre, comme chaque été, avec son mari, dans leur villa de Saint-Tropez. Comment, se déplacer par ses propres moyens ! Bernadette Chirac aime à être servie.

C'est la peur de déchoir qui l'a saisie, déjà, en 2002, alors que la réélection du chef de l'État paraissait bien compromise. À la veille d'inaugurer le QG de campagne présidentielle, dans le 10ᵉ arrondissement de Paris, Bernadette Chirac et son mari avaient eu un dîner orageux sur la question de savoir où ils s'installeraient, et avec quel personnel, en cas d'échec. En apprenant cette histoire, j'ai repensé à la photo de Bernadette en train de balayer elle-même le balcon de l'appartement que le couple occupe depuis 2007, quai Voltaire[1]. La reine voulait-elle montrer qu'on la privait de domestiques ? Ou indiquer que chacun devait balayer devant sa porte – comprendre se mêler de ses affaires – après la polémique sur l'occupation de cet appartement appartenant à la famille de Rafic Hariri ?

Quoi qu'il en soit, la discussion avait dû être très vive, dans l'atmosphère incertaine de 2002, car le couple arriva à l'inauguration du Tapis Rouge de fort méchante humeur. Un téméraire se présente devant l'épouse du chef de l'État : « Bonjour madame, je suis conseiller au cabinet du président. » Il récolte un glacial « Ah bon. Je ne savais pas ». Roselyne Bachelot, la porte-parole de campagne, a l'imprudence de se féliciter de travailler avec Claude. Elle s'entend répondre : « Ça ne va pas arranger vos affaires. » Sans se décourager, Bachelot assure à Bernadette Chirac que tout se passe très bien. La réplique fuse, féroce : « Vous avez beaucoup de chance, parce que ma fille détruit tout autour d'elle. » Claude, qui a entendu la formule, redescendra livide et l'une de

---

1. Cette photo a été publiée, sans commentaire, dans *Le Parisien* du 9 juin 2008.

ses fidèles collaboratrices comprit immédiatement qu'elle avait pleuré.

Bernadette Chirac n'aime pas qu'on l'exclue. Cela peut se comprendre dans la mesure où il lui est arrivé de l'être par sa fille, dans des conditions parfois humiliantes. Le directeur de campagne de 2002, Antoine Rufenacht, s'était enquis auprès de Claude du rôle que sa mère allait jouer dans ce dernier combat électoral et sa réponse lui avait déplu : « Oh, de toutes façons elle n'est pas dans le coup. » Il s'en était ouvert à Chirac et le président n'avait pas hésité un instant : « Évidemment qu'il faut qu'elle soit là. Il faut qu'elle participe à tous les grands meetings, naturellement. » Pourquoi se priver de cet excellent agent électoral pour la droite ?

Ce jour-là, au Tapis Rouge, Bernadette a choisi d'accorder ses grâces à un ancien maire oublié du 10e arrondissement, qui n'en revient pas de sa bonne fortune. Roselyne Bachelot, encore elle, se risque alors à la complimenter sur ses connaissances et sa mémoire, mais n'obtient en retour qu'un agacement royal : « Évidemment que je connais bien le 10e arrondissement ! Vous avez oublié que mon mari a été maire de Paris ? Vous apprendrez, madame, que s'il l'a été, c'est grâce à moi. »

Alors que cette agréable cérémonie prend fin, Bernard Niquet, l'homme auquel Jacques Chirac a confié la communication de sa femme, appelle au secours Antoine Rufenacht : « Monsieur le ministre, il n'y a que vous qui puissiez obtenir de madame qu'elle ne rentre pas avec une voiture de l'Élysée. » On est en pleine campagne électorale et les frais sont surveillés de près. Rufenacht annonce aussitôt à la femme du président qu'il faut renoncer à la voiture de fonction. « Il n'en est pas question, fulmine Bernadette. J'attendrai un quart d'heure le départ de la presse. Comme cela il n'y aura pas de problème. » Rufenacht insiste, car une dizaine de cameramen patientent dehors. « Bon, eh bien puisque c'est ça, je vais prendre le métro », s'exaspère la femme du candidat. Ainsi est-elle sûre d'avoir toutes les télévisions à ses trousses. Finalement, elle attendra encore un quart d'heure avant de partir, à bord d'une voiture de location.

Claude avait manqué de finesse politique et de psychologie en pensant écarter sa mère, aile droite, catholique et conservatrice de l'électorat de Chirac, auréolée de surcroît par ses diverses actions caritatives. Égérie des maisons de retraite, représentante persévérante de l'opération « Pièces jaunes », mascotte des stars et, à vrai dire, personnage fascinant dont les *Guignols* ont fait un peu vite une marionnette grotesque, avec son petit sac à main. Bernadette est une personnalité détonnante et inimitable. Une figure politique nationale. Une élue de terrain, une femme de tête, une *mater dolorosa*, une épouse ambitieuse, une guerrière, une mondaine. La droite cultivée la compare à Anne d'Autriche, dépeinte par le cardinal de Retz. France éternelle et bourgeoisie matérialiste, bonnes manières et venin, hauteur de vues et petits intérêts, c'est elle, au sein du clan, le personnage à la fois le plus drôle et le plus méchant.

7

« Tiens, vous êtes là, vous... »

La voiture de location était garée sur le parking d'une usine de pâtisserie surgelée, dans la zone industrielle de Malemort, en Corrèze. À l'intérieur de l'entreprise, encapuchonné de la tête aux pieds, Jean-Louis Borloo est venu soutenir une candidate du Parti radical aux élections cantonales de mars 2011. C'est une figure de style obligatoire du journalisme politique que de suivre des candidats vêtus d'une blouse en papier, d'une charlotte et de chaussons jetables, au contact des « vrais gens », pour écouter des questions banales et des réponses gênées. J'en étais là dans cet exercice un peu ridicule quand mon portable a sonné dans ma poche : la chargée de communication de Bernadette Chirac.

L'ex-première dame voulait me parler de toute urgence. J'étais en Corrèze pour couvrir sa dernière campagne cantonale – elle était conseillère générale sans discontinuer depuis trente-deux ans – et nous nous étions vues la veille. C'est peu dire qu'elle n'avait pas souhaité ma présence. Catherine Besançon, sa conseillère pour la presse, ne répondait à aucun de mes appels. Elle avait fini par me dire que Mme Chirac n'y était pour personne, un comble dans le cadre d'un pays encore démocratique... J'avais donc consulté le programme de ses réunions publiques et je m'étais présentée, le samedi 12 mars, à Orliac-de-Bar, dans une petite salle communale qui sentait le détergent.

Bernadette Chirac, arrivée en retard conformément à sa réputation, serra la main de tous les spectateurs – une vingtaine de personnes – qui attendaient le « Bernie Show ». Toutes les mains, sauf la mienne. Je n'eus même pas droit à l'un de ses célèbres « Tiens, vous êtes là, vous... », par lequel elle m'avait déjà accueillie en d'autres occasions. Je m'assis tranquillement dans la salle, mon carnet en main, sans m'inquiéter davantage. S'il fallait s'arrêter à la moindre rebuffade avec elle, on n'allait jamais très loin.

Après une dizaine de minutes, évoquant une caserne de pompiers dont elle combattait la fermeture, elle avait lancé d'une voix plus forte : « Et la journaliste du *Monde* ferait bien de prendre des notes, parce que je vais aller voir Claude Guéant [alors secrétaire général] à l'Élysée, pour défendre ces services d'incendie et de secours. » Tout le monde s'était retourné vers moi – ce ne sont pas les mœurs de Paris. Elle avait donc pris son parti de ma présence et le spectacle pouvait continuer.

Je l'avais suivie dans cette maison des Monédières, qu'elle avait inaugurée en 1994 avec Charles Pasqua, puis chez Josyane la retraitée, où l'on avait bu un coup sur la toile cirée en détaillant la dernière IRM, chez Clarisse la collégienne qui venait de recevoir un ordinateur tout neuf financé par le conseil général, chez d'autres encore qui l'accueillaient partout comme le Messie ou presque... Le lendemain, un dimanche, elle m'avait donné rendez-vous dans le seul café-restaurant de Vitrac-sur-Montane et je lui avais fait raconter cette dernière campagne et d'autres choses qu'elle ne souhaitait pas forcément voir rapporter. C'est bien ce qui l'inquiétait.

Nous étions lundi matin et j'avais déjà envoyé mon papier au journal quand elle m'a donc appelée : « Allô, madame Gurrey, ici Bernadette Chirac. Qu'avez-vous écrit ? Je veux relire ce que vous me faites dire. Je veux savoir ce qui va sortir cet après-midi. Comment ça, trop tard ? Je peux appeler votre journal, vous savez ! Mais enfin, je suis la femme d'un ancien président de la République ! », etc. Mais appelez donc, Majesté, et faites-moi jeter aux fers... J'ai une certaine considération pour Bernadette Chirac, même si ses réflexes de classe m'exaspèrent. C'est une femme qui ne renonce jamais et qui sait garder la tête haute. Sa voix métallique, son humour corrosif lui donnent un style bien à elle.

Pressentant le bon moment que j'allais passer, j'avais ouvert le coffre de la voiture, extirpé mon ordinateur de mon sac de voyage et commencé à lire, dans une position des plus inconfortables – il pleuvait –, cette prose qu'elle redoutait à tort. Au passage « Lunettes fumées, châle au motif panthère, brushing impeccable, elle poursuit partout sa croisade, la chaussette haute sur la bottine », j'ai entendu des « Oh ! » et des « Ah ! » indignés à l'autre bout du fil.

Ce n'était tout de même pas la « choucroute de laque » évoquée des décennies auparavant dans *Le Figaro* par Paul Guilbert, un journaliste adoré de son mari. Je n'ai jamais su si c'était la bottine ou le brushing qui l'avait agacée.

Ce n'était pas la première fois que je suivais Bernadette Chirac en campagne. Il n'y a pas plus lunatique qu'elle, si ce n'est Claude, car on ne sait jamais, avec la mère et la fille, à quelle sauce on sera mangé. J'avais eu la chance d'être dans ses bonnes grâces le 8 mars 2004, Journée de la femme, alors qu'une cohorte de journalistes la suivait pour les élections cantonales. On ne connaît rien de Bernadette Chirac si l'on n'est pas allé avec elle en Corrèze. Elle se présentait alors pour la cinquième fois au conseil général et « coachait » le chargé des affaires corréziennes à l'Élysée, Gérard de Pablo, candidat au conseil régional du Limousin. Et elle le sadisait à loisir.

Ce jour-là, le cortège de voitures passe à Varennes. Pas le Varennes de Louis XVI, mais celui de Valéry Giscard d'Estaing, sur la commune de Chanonat, où il fait campagne pour les régionales, à soixante-dix-huit ans. Persifleuse, Bernadette Chirac l'appelle le « duc d'Auvergne ». Le programme est très chargé, le chauffeur s'inquiète : « C'est trop. Je me demande comment elle tient. On ne dirait pas que c'est la première dame de France. » À soixante et onze ans, l'épouse du président ne détèle pas. Endurante, obstinée, vacharde. La même qui trouve que son mari travaille trop.

« Alors, je vais demander un peu de silence pour écouter M. de Pablo, ordonne-t-elle, alors que nous sommes tous attablés dans un restaurant. C'est ma dernière campagne [*mais non*] et ce n'est pas de la tarte. Ça ne se compare pas avec les précédentes parce que je sers de locomotive pour les régionales. M. de Pablo est un type fantastique. Mais lui, c'est sa première campagne. Écoutez-moi bien. Il est né à Limoges. Sa femme habite Brive. Encore une fois c'est un type fantastique, mais il n'a pas d'expérience et pour moi ça fait double travail. Enfin, c'est ça qui est amusant. » M. de Pablo a tout le temps l'oreille vissée à son portable et il est peu sympathique. Mais avouons qu'il faut encaisser en public pareil soutien. Pendant le déjeuner, le malheureux demande l'autorisation de parler d'emploi. « Eh bien allez-y, mon vieux ! Et parlez plus fort... », le bouscule-t-elle. Toujours est-il que soutenu par une Chirac et tête de liste de l'UMP, il sera élu, alors que la droite perdra toutes les régions sauf une, l'Alsace.

La Corrèze est une terre de conquête pour Bernadette, comme elle l'a été pour son mari. L'instrument paradoxal de son émancipation, qui a transformé l'épouse mondaine du maire de Paris en véritable figure politique, dont l'influence, discrète mais sûre, ira grandissant. Aucune femme de président de la République n'a pu, voulu, ou osé entreprendre un tel parcours.

C'était une idée du « grand », en 1979. Élu depuis 1967 dans cette terre de gauche, châtelain depuis dix ans à Bity, le seigneur des lieux confortait ainsi son implantation locale. Et une épouse en Corrèze, c'était beaucoup de liberté à Paris ! « Vous vous débrouillerez très bien. On vous épaulera. Et je vous prêterai Laumond », avait lancé Chirac à Bernadette, comme l'a raconté Jean-Claude Laumond, son chauffeur, dans un livre de souvenirs, *Vingt-cinq ans avec lui*[1].

C'est ainsi qu'il servit de chauffeur à Bernadette et à l'occasion à sa mère, pendant les six semaines de sa première campagne. Un soir, Mme Chodron de Courcel, amusée par l'épopée électorale de sa fille, alors que la famille avait toujours trouvé un peu vulgaire que le gendre se soit lancé dans la politique, imagina une solution à son dilemme : la candidate ne savait comment refuser les multiples verres qu'il faudrait boire, sans paraître impolie ou bégueule. Cela faisait perdre des voix. « C'est très simple, vous boirez à sa place, monsieur Laumond. » Il s'acquitta si bien de sa tâche que Bernadette Chirac dut elle-même prendre le volant à plusieurs reprises, tant son chauffeur était ivre. Laumond était là en toutes circonstances.

Sans doute en avait-il trop vu ou trop fait. Durant cette campagne, il rencontra Armelle Benassy, la fille du docteur Benassy, que Bernadette allait remplacer au conseil général. Cet homme très aimé de ses administrés venait de succomber à un AVC sur la route même où Jacques Chirac avait eu, six jours auparavant, un très grave accident de voiture. Jean-Claude et Armelle avaient mené chacun leur vie, avant de décider de se marier, en 1996. L'annonce de cette union déclencha une véritable crise de nerfs chez Bernadette Chirac. Elle craignait que Laumond n'ait des

---

1. Ramsay, 2001.

visées politiques en Corrèze et ne bénéfice de l'aura attachée au nom de Benassy. Sans parler de la mésalliance, à ses yeux, entre cette fille de notable et un chauffeur qui couvrait toutes les infidélités de son mari.

Laumond commettait aussi l'imprudence de bavarder avec les journalistes, ce qui agaçait Claude au dernier degré. Il fut décidé de s'en débarrasser. La vengeance de Bernadette fut si disproportionnée qu'elle en paraît incroyable. À l'annonce du mariage, elle passa deux heures auprès de la veuve d'Henri Benassy pour la persuader d'empêcher la cérémonie. En vain. Le jour dit, en août 1997, Armelle Laumond, si l'on en croit le récit de son mari, reçut une couronne mortuaire accompagnée d'une carte de l'Élysée. Quelques mois plus tard, Laumond quittait le service de Chirac. Un petit pot fut organisé, auquel le président se garda d'apparaître, mais Armelle fit remarquer en frissonnant qu'il n'y avait pas de hasard : la cérémonie avait lieu dans l'ancien bureau de François de Grossouvre, là même où le conseiller de François Mitterrand s'était suicidé.

Bernadette Chirac fit organiser le départ des Laumond, loin, très loin de Paris et de la Corrèze. Le couple avait accepté de partir après d'âpres négociations. C'est l'Élysée qui prit en charge leurs billets d'avion pour Nouméa, en Nouvelle-Calédonie, à la date anniversaire de la mort du docteur Benassy, un 2 décembre, remarquèrent-ils. Armelle déprima. Puis tomba malade. Laumond voulut rentrer. « Quand j'ai dit à Villepin : "Je dégaine", on nous a rapatriés », m'a-t-il confié. Aurait-il vraiment dévoilé des informations compromettantes ? Toujours est-il qu'à Paris, on lui trouva un travail : au cimetière du Père-Lachaise ! « À mon retour, j'étais un pestiféré. Le Père-Lachaise, ça m'a fait un choc. J'ai eu une grosse déprime à mon tour. » Cela se comprendrait à moins.

Bernadette Chirac aura eu raison de tous ceux qui l'ont gênée ou offensée. Marie-France Garaud et Pierre Juillet, les « diaboliques » conseillers de Chirac dans les années 1970, certaines maîtresses de son mari dont la carrière politique fut brisée, des ministres mal vus... La tortue, lentement mais sûrement, arrive toujours à ses fins.

8

Un requin

Nous sommes le 30 janvier 2003. La coiffure laquée de Bernadette Chirac me chatouille le nez, tant nous sommes serrés dans cet orphelinat de la police, à Béziers. Il y a foule dans cette entrée exiguë pour attendre le ministre de l'Intérieur, Nicolas Sarkozy, qui doit inaugurer l'établissement. Elle reste immobile, mais je la sens vibrer de colère. Soudain, elle se retourne et me lance cet imparable avertissement : « Je vous préviens, je suis un requin. »

Mais quel grave motif me vaut d'être ainsi menacée des dents de la mère ? Au même moment, l'Amérique de George W. Bush retentit de bruits belliqueux contre l'Irak. Il faudra pourtant attendre près de deux mois avant que la guerre n'éclate. Mais Bernadette Chirac, elle, va plus vite qu'un bombardier furtif : « Les Français sont inquiets. C'est normal étant donné ce qu'il va se passer dans quelques jours, c'est-à-dire l'attaque de l'Irak par les États-Unis », vient-elle de déclarer à la mairie d'Agde, devant un petit public réuni pour une opération « Pièces jaunes ».

Nul n'ignore les efforts diplomatiques intenses que déploie Jacques Chirac pour tenter d'éviter le conflit. Dès que possible, j'interroge donc son épouse sur cette guerre qu'elle affirme imminente. « Je me contente de répéter ce que tout le monde voit à la télévision ! » me réplique-t-elle, furieuse. Elle est aussi courroucée contre moi qui ai relevé cette phrase que contre elle-même dont les paroles ont sans doute excédé les limites d'une expression publique. La femme du président m'interdit de lui prêter ces propos. Évidemment, je passe outre puisqu'elle les a tenus devant vingt-cinq personnes, ce qui me vaut un véritable savon : « Vous croyez que je n'ai pas entendu ce que vous venez de faire ? » En fait, je ne me suis pas spécialement cachée pour appeler le journal et dicter un petit encadré. Mais Bernadette Chirac ne supporte pas de voir son autorité contredite.

Les chargés de communication de l'Élysée ont beaucoup ri en entendant l'histoire du requin, car je n'étais pas la seule à subir ses coups de dents. Ils recevaient eux-mêmes leur part de morsures.

Il faut rendre à Bernadette ce qui lui revient : son sens politique, son infinie ténacité en campagne, son habileté à prendre le pouls de l'opinion. Elle est beaucoup moins coupée des réalités que son mari. L'exemple de la dissolution en 1997, s'il n'est pas le seul, figure parmi les plus spectaculaires. Bernadette Chirac était persuadée qu'Alain Juppé, Premier ministre désavoué par la rue, devait partir, sans qu'il soit nécessaire de dissoudre l'Assemblée nationale. La décision fut néanmoins prise, comme l'on sait. Le soir de ces élections législatives terribles pour le RPR, le QG se trouve, comme toujours, dans le bureau du directeur de cabinet de l'Élysée, Bertrand Landrieu. Vieux garçon, républicain indécrottable, chasseur invétéré et fidèle du président, Landrieu fait le tour des écrans de télévision, clope au bec. Ils confirment tous la même chose, qu'il a sue bien avant 20 heures : c'est un fiasco absolu pour la droite. Il y a là une petite vingtaine de collaborateurs et de conseillers, mais aussi Marie-Laure de Villepin, l'épouse du secrétaire général.

La reine arrive, l'air glacial, suivie de son fidèle conseiller, Bernard Niquet. « Alors, monsieur Landrieu, c'est bien la catastrophe annoncée ? » Landrieu baisse la tête. Bernadette Chirac fait quelques pas en écrasant à dessein les pieds de Marie-Laure de Villepin, sans s'excuser et encore moins la saluer, puis s'écrie : « Et il est où, Néron ? » Landrieu se décompose, Mme de Villepin pleure discrètement, les courtisans regardent le plafond. Une scène de genre qui aurait pu composer une toile néoclassique. Plus personne n'ose respirer. « Je vous l'avais dit, c'est une catastrophe. Vous n'avez pas écouté les Français », conclut Bernadette Chirac, l'air sévère. Sur ces entrefaites arrive son mari, les mains dans les poches, flanqué de Villepin, l'artisan supposé de cette Bérézina.

« Je n'aime pas échouer. Et surtout, je n'aime pas qu'il échoue. Cela sous-tend toute mon action », confiera Bernadette Chirac à Patrick de Carolis dans *Conversation*, le best-seller paru quelques mois avant la présidentielle de 2002[1]. Cette aristocrate, au front

---

1. Plon, 2002.

trop grand, aux lèvres minces, aux manières gauches, est devenue un squale redoutable, aussi à l'aise dans le marigot politique que dans les salons du Tout-Paris. Aussi aime-t-elle éprouver sa puissance et voir les courtisans se décomposer. C'est par les grands fonds et dans l'ombre, qu'elle a acquis cette force.

Les esprits les plus subtils l'évitent avec soin, après avoir observé que personne n'était à l'abri d'une attaque soudaine. « Elle est d'une méchanceté ! Sa tactique, pour créer un rapport de force, dans un salon, dans une réunion de ministres, était toujours la même : elle se débrouillait pour dire bonjour à une personne sur trois et passait devant quelques infortunés sans les saluer. Les types n'en dormaient pas pendant une semaine ! » dévoile un ancien ministre.

C'est une stratégie extrêmement déstabilisante, qui crée une tension sans mobile – tant il est vrai que le pouvoir que l'on vous prête est souvent bien supérieur à celui que vous possédez. « Je suis sûr qu'avant de rentrer dans la pièce, poursuit le même témoin, elle ne savait pas qui elle ne saluerait pas. Mais elle en faisait des tonnes avec ceux qu'elle avait décidé de gratifier. Le mec d'à côté, celui qui n'avait rien eu, était liquéfié. »

Quel plaisir exquis de faire et défaire les réputations, d'indexer à la hausse ou la baisse la cote d'un ministre et d'entendre murmurer la cour sur son passage. Rien n'a changé depuis des siècles et Bernadette excelle à ce jeu.

Prenez Henri Plagnol, un ministre que tout le monde a oublié. Normalien et énarque de quarante et un ans, l'élu UDF est considéré par ses collègues du gouvernement, en 2002, comme une étoile politique montante que tous les intrigants essaient de voir. Bernadette Chirac ne peut manquer d'avoir eu vent de cette image flatteuse. Elle se plante donc devant l'intéressé et lui demande perfidement ce qu'il fait. « Madame, je suis secrétaire d'État à la Réforme de l'État.

— Ah, monsieur Plagnol, au moins je n'aurai pas perdu ma journée, j'aurai rencontré quelqu'un d'important. Que suis-je moi, à côté de vous ? Sans doute une petite blatte de plancher... » Et elle passe au suivant, sans lui serrer la main. Les messes basses repartent de plus belle : « Ah, ce pauvre Plagnol, c'est fini pour lui. » Il dura encore deux ans, jusqu'à ce qu'il révèle ou confirme que le roi était sourd. Et son sort sera scellé.

Mieux vaut maîtriser l'étiquette sur le bout des doigts, comprendre ce qui se fait ou pas – et surtout savoir que la souveraine a tous les droits. Je n'ai connu personne de plus attaché à ses prérogatives que cette première dame.

Suivons-la à Chambord, cette folie Renaissance où les chasses présidentielles ont longtemps réuni les plus fines gâchettes de la politique et du pays. Le château, voulu par un roi qui avait à peine plus de vingt ans, est d'une beauté envoûtante, énigmatique. Au troisième croisement de la forêt, un domaine de cinq mille cinq cents hectares qui a gardé son intégrité territoriale pendant quatre siècles, on rend les honneurs au gibier. Le crépuscule vient, les flambeaux éclairent les plumes et les pelages, et au fond de l'allée, la blancheur fantomatique du palais veille sur ce spectacle ancestral. Les chasseurs déjeunaient jadis à la Thibaudière, une sorte de datcha en rondins et en chaume, au bord d'une pièce d'eau – un endroit retiré, route de l'Oubli. Pompidou avait fait restaurer le grand canal alimenté par le Cosson selon les plans de Louis XIV. Giscard avait fait rénover la salle des Illustres en faux Louis XIII. Mitterrand venait en secret écouter le brame du cerf, dans des cabanes perchées sur les arbres. Chirac, lui, n'aime pas la chasse et Claude est contre.

Mais Bernadette voulut un jour venir à Chambord. Après les traques, on servait un casse-croûte dans la salle des Trophées – une collation simple, terrines, pâtés, vin rouge, que le député du Loir-et-Cher, Patrice Martin-Lalande, dut écourter pour une réunion. Au lieu de s'éclipser discrètement, il s'excusa auprès de Mme Chirac. « Je vous comprends, monsieur, vous avez quelque chose de beaucoup plus important à faire que d'accompagner la femme du président de la République ! » Aïe. Le dîner fut un moment d'anthologie. Il eut lieu dans la salle des Soleils, qui doit son nom aux vantaux de bois portant depuis Louis XIV une sculpture de l'astre attaché à son nom. Sonnerie de trompe pour le grand dîner, Bernadette prend place parmi le gratin de la chasse, Gilbert de Turckheim, Charles-Henri de Ponchalon, etc. Et la reine commence toutes ses phrases par « Mon mari qui déteste la chasse... ». La première fois, tout le monde a fait semblant de ne pas entendre. La deuxième, les chasseurs ont tenté de prendre cette réflexion pour une plaisanterie. La troisième fois, Landrieu s'est penché discrètement vers la ministre de l'Écologie et de la Chasse, Roselyne Bachelot, en demandant : « Qu'est-ce qu'on fait ? »

Trois jours plus tard, lors d'un cocktail caritatif à l'hôtel de Marigny, la ministre s'enquiert auprès de Bernadette Chirac de cette journée de chasse : « Cela vous a plu ?

— Non, cela ne *nous* a pas plu ! » Avec ce pluriel de majesté.

« Mais que s'est-il passé ?!

— Vous chercherez, madame, vous êtes ministre, je ne suis rien... »

Avant le grand dîner, Bernadette avait dû se changer dans une chambre d'enfant au milieu des jouets, car l'appartement du château – en principe mis à la disposition du président de la République – était occupé par le directeur du domaine de Chambord, Xavier Patier et sa nombreuse famille. Cet ancien conseiller de l'Élysée, romancier et auteur d'un joli livre sur Chambord, *Le Château absolu*[1], sera débarqué de ses fonctions peu après le passage de l'épouse du président. Cause à effet ? En tout cas aujourd'hui, l'actuel directeur, le charmant Jean d'Haussonville, a prudemment transformé ces appartements en bureaux et loge désormais dans un corps de ferme sur le domaine. On n'est jamais trop prudent.

Il faut dire que Bernadette Chirac a beaucoup enduré. Certes, même si ce n'est pas une raison pour devenir si méchante, elle a des circonstances atténuantes.

---

1. La Table ronde, 2004.

« Vous ratez tout et vous faites tout rater aux autres ! » lui assena un jour Chirac, comme elle le raconte dans *Conversation*. Ce qui était très injuste. Tout comme cette pique qu'il lui lança le soir de la victoire au goût amer contre Jean-Marie Le Pen, en 2002, avant de partir pour la place de la République. Penchant vers elle sa grande silhouette, il lui déposa un baiser sur le front avec ce commentaire d'une cruauté sans pareille : « Merci pour le demi-point que vous m'avez fait gagner. » Il venait d'être élu avec un score de plus de 82 % !

Je me rappelle avoir vu Bernadette Chirac en septembre 2005 avec Éric Woerth, qui tentait de récupérer son siège dans l'Oise, lors d'une élection législative partielle. C'était quinze jours après l'AVC de son mari. Elle mena le bal tout l'après-midi, prodiguant avis et conseils. « Vous ne vous arrêtez pas dans l'agence immobilière ? Vous avez tort », glissa-t-elle au candidat qui ne voyait pas l'utilité de cette démarche. « Ça marche très bien », répondit tout bas Éric Woerth. « Justement », lui rétorqua Bernadette en poussant elle-même la porte. En fin de journée, alors que tout le monde était exténué d'avoir battu le pavé de Chantilly, elle trouva encore la force d'improviser un numéro désopilant. Elle brandit un dinosaure en plastique qu'une commerçante lui avait offert pour son petit-fils Martin, un Tyrannosaurus Rex, la gueule grande ouverte et pleine de dents : « Voilà le symbole de cette campagne que je rapporte à Jacques Chirac ce soir. C'est un emblème qui veut dire : "Les Chirac attaquent !" » Devant l'hilarité générale, elle rit de bon cœur. Tyrannosaure ou requin, c'est tout un, mais avec un humour toujours particulier.

Bernadette Chirac n'est pas née requin. Ses dents ont poussé parce qu'elle a épousé un grand type très beau, dont toutes les filles étaient folles, un homme qui réussissait à faire cohabiter en lui ambition et sensibilité, un combattant qui aimait le pouvoir sans reconnaître assez qu'elle l'avait aidé à le conquérir. Un type si gentil et si féroce, qu'elle défendra de toutes ses forces. Car cette famille peut se lancer les pires rosseries à la tête, personne ne peut s'en prendre au clan ou à l'un de ses membres sans qu'ils fassent bloc.

9

Face au procès

Ils sont trois autour de la table, en ce mois de mars 2012, Chez Marius, un restaurant du 16e arrondissement pourvu d'une agréable terrasse et de grandes baies vitrées. Les Chirac déjeunent dans une petite salle individuelle, à l'abri des regards, avec un ami. Bernadette, en verve, procède à l'inventaire de sa vie : « Quand je me suis mariée, j'avais trois objectifs. Je voulais un homme riche : raté. Je voulais un homme du même milieu social que moi : raté... » L'ami enchaîne : « Vous vouliez un mari fidèle... » et Bernadette confirme : « Encore raté ! »

Un mariage raté ? Il ne faut jamais se fier à ce que les Chirac en disent. C'est une relation complexe, faite d'épreuves communes, politiques et familiales, de chamailleries et de provocations, mais aussi d'une si longue cohabitation qu'ils ne peuvent, depuis des décennies, se passer l'un de l'autre. Il suffit, comme elle l'a fait à plusieurs reprises, que Bernadette aille au Havre, la ville dirigée alors par Antoine Rufenacht, pour que son mari l'appelle trois fois pendant le déjeuner. « Oui, ça va. Je suis chez votre ami Rufe-nacht. Tout va bien, le déjeuner est bon. Écoutez, je vous le passe », finit par dire Bernadette, un brin agacée.

L'épreuve qui les attend, pourtant, après avoir quitté l'Élysée, est d'une nature différente des autres. S'il est si difficile pour Bernadette Chirac de partir, d'abandonner cette vie au sommet du pouvoir, c'est qu'au-dehors, les juges attendent son mari. Elle et lui n'abordent certainement pas de la même façon les ennuis judiciaires qui s'annoncent.

On ne peut pas dire que Jacques Chirac s'en moque, non. Les affaires ont empoisonné son septennat, puis son quinquennat. Il a vu Alain Juppé condamné lors du procès des emplois fictifs de la Ville de Paris et en a souffert comme un damné. En apprenant l'opprobre judiciaire jeté sur le « meilleur d'entre nous », Chirac s'est tout à coup décomposé, un petit matin de l'hiver 2004, lors d'un déplacement officiel à Marseille. Pour une fois, laissant là les mots des autres, il a levé le nez de son discours et articulé d'une voix enrouée par l'émotion : « J'ai pour Alain Juppé amitié, estime et respect. C'est un homme politique d'une qualité exceptionnelle de compétence, d'humanisme, d'honnêteté et la France a besoin d'hommes de sa qualité. »

Il s'est naturellement trouvé une ou deux voix pour dire tout haut ce que chacun pensait tout bas : Juppé payait pour Chirac. Bon nombre des anciens collaborateurs du chef de l'État ont dû comparaître, eux aussi, devant un tribunal correctionnel et ont été sanctionnés. Certains en sont sortis brisés. À vrai dire, le maelström judiciaire n'a jamais cessé, mais Chirac était à l'abri à l'Élysée, tant que le Conseil constitutionnel, par une opportune décision de janvier 1999, écartait la responsabilité pénale du chef de l'État.

Qu'explose le scandale des aveux posthumes du promoteur Jean-Claude Méry, ou que surgissent des révélations sur des voyages en avion payés en liquide, tout cela pouvait être traité par une habile communication. Il l'a dit lui-même en acteur consommé à la télévision, l'affaire était tout bonnement « abracadabrantesque » : « Ces sommes, ce n'est pas qu'elles se dégonflent, mais elles font pschitt. » La formule ressemblait à un slogan publicitaire des années 1950 : « Pschitt orange pour vous cher ange, Pschitt citron pour moi, garçon » et circulez... il ne restait qu'à admirer la trouvaille.

Les *Guignols* le traitaient de « Supermenteur » et l'affublaient d'une cape de Superman, image qui affligeait une moitié de la France mais faisait rire l'autre moitié, l'un n'excluant pas l'autre. Giscard, son meilleur ennemi, pouvait bien prédire : « Il finira comme Kohl », poursuivi par les juges après avoir quitté la chancellerie allemande, jusqu'en mai 2007 la question ne se posait pas.

Chirac a aussi acquis avec les ans une forme d'impassibilité, une épaisse peau de crocodile qui le protège des aléas. Un masque comme une seconde nature ? La vieille habitude de « mépriser les hauts et repriser les bas » ? Son fatalisme naturel ? Il l'a un jour expliqué lui-même, avec des mots qui avaient l'accent de la sincérité : « J'ai laissé ma première peau aux ronces du chemin. J'ai maintenant une peau de pachyderme. J'ai saigné, souffert, eu mal, enduré. Il a fallu que je me protège. » De surcroît, toute vie mondaine et sociale l'indiffère profondément, à l'inverse de Bernadette. « Je ne suis pas très dîners. Je ne dîne jamais en ville. Ça dure, ça piapiatte. Je préfère déjeuner régulièrement avec mes amis », me dira-t-il, en octobre 2009.

Après son départ du pouvoir, il entrera aussi dans son apparente indifférence une part de dépression, due au vide sidéral d'une retraite succédant brutalement à la suractivité de l'Élysée. À cela s'ajoute la maladie au nom étrange, l'« anosognosie », diagnostiquée en 2011, qui l'empêche de prendre conscience de son état. Pour toutes sortes de raisons qui tiennent à son histoire et à son tempérament, la menace qui pèse sur lui en retournant à la vie ordinaire semble donc moins l'affecter que son épouse.

Pour cette dernière, c'est tout autre chose. Le procès qui vient constitue une préoccupation constante. Non seulement elle éprouve les craintes légitimes d'une femme protectrice – à sa façon –, mais elle craint pour elle-même, pour sa réputation, sa vie sociale. « Vous comprenez, mon mari ne sort pas le soir, mais moi si. Et c'est mon nom qui est dans la boue », confie-t-elle un jour à Bertrand Landrieu, l'ancien directeur de cabinet de l'Élysée qui a repris du service auprès de Chirac après 2007.

C'est le puissant moteur qui la pousse à agir et à peser toujours plus fermement sur la stratégie de défense de son mari. Le pire cauchemar de Bernadette Chirac serait qu'il ne reste de ces quarante ans de vie politique, de ces combats glorieux, de ces défaites amères que l'image indélébile d'un président traîné devant un tribunal au soir de sa vie. Ce serait cela, la trace dans l'Histoire, le déshonneur d'avoir fini condamné ? Elle en éprouve par avance une honte brûlante. « Après tout ce que mon mari a fait pour les Français ! » enrage-t-elle. Elle ne comprend pas que l'on ne puisse pas le protéger de cela, que la justice ait le front de s'attaquer à un ancien chef d'État... Elle s'entête à penser qu'une condamnation est improbable et répète dans Paris : « Du temps de François Mitterrand, on n'aurait jamais osé le poursuivre. » C'est aussi l'une des raisons pour lesquelles elle reste si proche de Nicolas Sarkozy, après avoir été la cheville ouvrière de son retour en 2001, bien qu'il eût trahi son mari : Bernadette Chirac s'imagine que Sarkozy, désormais président de la République, peut les protéger des juges.

Elle n'a pas compris ce que les vieux conseillers, les avocats et Frédéric Salat-Baroux, ont intégré comme un fait inéluctable : la mise en examen de l'ancien président. L'objectif devient assez rapidement de minorer la condamnation, pas de l'éviter, ce qui est impossible.

Chirac, lui, se prépare à sa façon, avant de quitter le pouvoir. Son immunité tombera un mois après la fin de son bail à l'Élysée et il est raisonnable de voir avant cette échéance son principal avocat. Il a croisé quelquefois Jean Veil, le « fils de Poussinette et de Tony », chez ses parents Antoine et Simone Veil. Mais il ne connaît alors pas très bien cet avocat parisien qui possède un cabinet cossu dans le 8ᵉ arrondissement, plutôt spécialisé dans les fusions-acquisitions que dans la défense d'hommes politiques. Même s'il aura, par la suite, d'aussi médiatiques clients que Dominique Strauss-Kahn, Jérôme Cahuzac ou la Société générale contre Jérôme Kerviel. Chirac veut parler à Jean Veil seul à seul, le jauger, faire son *lawyer shopping*, comme disent les Américains.

Il l'invite donc à l'Élysée en avril 2007 et lui raconte une histoire bien rôdée : le président explique qu'il ne connaît rien, mais vraiment rien au droit, car le jeune lieutenant qu'il était, arrivant tout droit de la guerre d'Algérie, avait manqué le trimestre juridique à l'ENA et en avait été dispensé. Voilà qui excusait tout et ajoutait encore à la légende du guerrier. Mais c'était à se demander ce qu'il avait compris, pendant douze ans comme chef d'État, à son rôle de président du Conseil supérieur de la magistrature ! Bref, « vous m'expliquerez », avait conclu Chirac en topant là avec un Jean Veil sous le charme. Celui-ci n'est pas son unique avocat, ils seront cinq, mais il est au début le principal, celui que Chirac a choisi et auquel il montre devant ses plus anciens collaborateurs, Maurice Ulrich ou Bertrand Landrieu, affection et confiance. « Jean » le rassure.

C'est ensuite une invraisemblable course de lenteur qui s'engage, procédurière, complexe, mêlant plusieurs affaires. Si la juge Xavière Simeoni met bien en examen l'ancien président en novembre 2007, dans le dossier des emplois fictifs de la Ville de Paris, il ne se passera rien de décisif avant le 30 octobre 2009, près de deux ans plus tard ! À cette date, passant outre le non-lieu requis par le parquet de Paris en faveur de Jacques Chirac, elle le renvoie devant un tribunal correctionnel. Une insupportable infamie aux yeux de Bernadette.

Je n'avais pas compris pourquoi, une semaine avant ce renvoi, l'ancien président, alors au sommet de sa popularité, m'avait enfin accordé un entretien dans ses bureaux de la rue de Lille. Nos rapports s'étaient beaucoup détendus depuis qu'il avait quitté l'Élysée mais il restait tout aussi difficile de le voir. Claude était moins à la manœuvre puisqu'elle dirigeait la communication de PPR, le groupe de François Pinault, mais Frédéric Salat-Baroux, désormais avocat, prétendait continuer à tout régenter. J'avais dû lui soumettre toutes les citations entre guillemets que je comptais publier après ma conversation avec l'ancien président. Chirac s'était égayé à me narrer ses balades dans Paris avec Jean-Louis Debré, le président du Conseil constitutionnel : « J'aime beaucoup me promener avec Jean-Louis. Les gens nous disent bonjour, ils le reconnaissent : "Ah, vous êtes monsieur Debré et qui est-ce le grand avec vous ?" » racontait-il, avec l'œil qui frise et une bienveillance amusée. Il savait que j'attendais ce Chirac au naturel depuis des années, y compris ses blagues à deux sous. Mais pour Salat-Baroux, devenu le compagnon de Claude, pas question de rapporter cette plaisanterie, si inoffensive soit-elle. Cela risquait d'écorner la statue présidentielle qu'il s'évertuait à buriner depuis sept ans. J'avais dû me battre pour citer sa réponse sur les bons sondages dont il était gratifié : « Évidemment que cela me fait plaisir ! Cela vaut mieux que d'être traité de crétin ailé... » Du Chirac pur sucre.

Nous avions parlé de ses *Mémoires*, de la paix, de ses voyages avec François Pinault, de la guerre d'Algérie, de Rachida Dati et même de Giscard qui venait de publier une navrante bluette, *La Princesse et le Président*[1]. Je savais qu'il ne lirait pas *La constance du jardinier*[2], le livre génial de John Le Carré que j'avais mentionné quand nous avions évoqué un sujet qui le préoccupait, le trafic de médicaments en Afrique. Mais il avait eu l'air passionné et m'avait assuré que son conseiller allait lui acheter ce roman sur-le-champ. Cela lui ferait, avait-il dit, une bonne lecture pour les vacances de la Toussaint, car il s'apprêtait à séjourner au Maroc dans son hôtel préféré, la Gazelle d'or à Taroudant, « les doigts de pied en éventail ».

Ce numéro de charme tenait à deux raisons au moins : l'imminence d'une décision de justice très défavorable, dont j'ignorais tout, et la publication prochaine du premier tome de ses *Mémoires* avec l'historien Jean-Luc Barré[3]. Un peu d'huile dans les rouages ne pouvait pas nuire. À vrai dire, nous avions passé une heure très agréable mais qui n'a rien changé à ce que j'ai pu écrire sur les *Mémoires*, jugés sur pièce. J'avais surtout pu vérifier qu'en ce mois d'octobre 2009, durant notre conversation, l'ancien

1. *La Princesse et le Président*, Éditions de Fallois, 2009.
2. *La constance du jardinier*, Le Seuil, 2001.
3. *Chaque pas doit être un but*, NiL, 2009.

président avait tous ses esprits, contrairement aux bruits qui couraient dans Paris.

S'il semblait avoir surmonté le vertige qui l'avait saisi à la sortie de l'Élysée, il ne suivait pas pour autant avec une très grande attention les étapes de la procédure judiciaire le concernant : il accordait pleinement sa confiance à ses conseillers et à ses avocats.

Bernadette Chirac décide pourtant de prendre les choses en main quand, un mois et demi après le renvoi ordonné par la juge Simeoni pour « détournement de fonds » et « abus de confiance », l'ancien président est à nouveau mis en examen par le juge Alain Philibeaux pour « prise illégale d'intérêts » dans le dossier des emplois fictifs de Nanterre. À Saint-Tropez, dans les dîners, d'illustres avocats ou des amis plus ou moins bien intentionnés lui répètent à longueur de temps qu'il faut à son mari un vrai ténor du barreau. En retrait jusque-là, elle s'en est persuadée quand Jean Veil a échoué à obtenir une ordonnance de non-lieu et ne se contente plus de dire à qui veut l'entendre : « Il ne sait pas défendre mon mari. » Elle organise, avec François Pinault, une discrète visite dans un célèbre cabinet du boulevard Saint-Germain...

10

L'avocat

Ce jour-là maître Georges Kiejman recevait comme tous les vendredis la visite de son masseur-kinésithérapeute et n'avait pas l'intention de déroger à ses habitudes.

Longues jambes, corps sec, regard bridé de Tatar, l'avocat à moustache le plus fameux de la mitterrandie n'a pas l'allure d'un homme né en 1932, la même année que Jacques Chirac. Cette verdeur demande un peu d'entretien. On pourrait l'imaginer, plus jeune, lancé au galop sabre au clair dans une steppe, aux trousses de ses ennemis, bien qu'il ait gagné ses batailles en robe noire dans les prétoires. Tour à tour séduisant et agaçant, doté d'un humour féroce, ce fils de Juifs polonais émigrés devenu un grand avocat a un jour assumé sa réussite en quelques mots : « J'ai été trop pauvre pour avoir honte de déjeuner au Ritz une fois par mois. »

Et voilà qu'au soir de sa carrière, il reçoit cette visite si étrange, celle d'une ancienne première dame de France et d'un célèbre homme d'affaires qui viennent lui demander d'une même voix : « Ce serait bien que vous défendiez le président. » Lui qui a fait acquitter Pierre Goldman, qui a défendu Guy Debord, Malik Oussekine, la famille Oufkir, *Charlie Hebdo*, mais aussi *Les Cahiers du cinéma*, Roman Polanski, Robert De Niro et tout ce que l'édition française compte de plus prestigieux. La gauche, parfois extrême, et la culture tout ensemble.

Il a déjà plaidé pour François Pinault dans une affaire financière complexe. Et aussi pour défendre une salle des ventes contre l'épouse de celui-ci, Maryvonne, à propos d'une jolie table à écrire XVIIIe, mise à prix 70 000 francs, qu'elle avait achetée 7,7 millions. Maître Kiejman avait gagné ce procès sans que ses relations avec Mme Pinault, bientôt sa voisine de table dans un dîner de charité, en aient été affectées.

Il connaît moins Bernadette Chirac qu'il a parfois croisée lors d'un vernissage ou d'une remise de décoration. Mais celle-ci s'est toujours montrée très affable avec l'ancien ministre de François Mitterrand auquel elle avait déclaré : « Maître Kiejman, vous êtes le meilleur. Si j'ai un ennemi dans la vie, je saurai faire appel à vous.

— Madame, vous êtes trop aimable. » Il y a fort à parier que cet échange s'était conclu par un baise-main.

Mais l'heure n'est plus aux mondanités car l'ennemi est là, cette justice aux yeux bandés qui va patiemment son chemin. Le moment est venu et Bernadette Chirac a choisi le « meilleur », Kiejman. L'ancienne première dame n'est pas insensible non plus au fait que l'avocat ait épousé en troisièmes noces la princesse de Broglie, il y a plus de trente ans. Elle est journaliste, spécialiste de l'information judiciaire sur TF1, sous le nom de Laure Debreuil.

En fine politique, Bernadette Chirac juge surtout qu'un avocat classé à gauche représentera un symbole fort pour la défense de son mari. C'est la même idée qui l'a animée avec Claude et Salat-Baroux quand il a été décidé, trois ans auparavant, de faire appel à Pierre Péan pour écrire une biographie de Chirac. L'écrivain et l'avocat sont de gauche, mais plus que cela : ce sont des adorateurs de Mitterrand. Et puis, il faut à Bernadette un avocat de président. Elle éprouve elle-même une certaine fascination pour l'ancien chef d'État socialiste, le seul qui a été réélu, comme son mari, sous la Ve République et elle a apprécié que les deux hommes se soient subtilement passé le flambeau. Admirons jusqu'où va son zèle : avant de faire construire le musée des cadeaux présidentiels à Sarran, en Corrèze, elle est allée dans la Nièvre visiter celui de François Mitterrand, dans l'ancienne abbaye de Sainte-Claire, à Château-Chinon.

De ce point de vue, elle peut être satisfaite : Georges Kiejman est un mitterrandophile de premier ordre. Faut-il dire « mitterrandolâtre » ? Lui dont le père a disparu à Auschwitz s'est interrogé sur l'opportunité d'intenter un procès à René Bousquet, organisateur de la rafle du Vel' d'Hiv' et ami de Mitterrand, au nom de la « nécessaire lutte contre l'oubli » et de la « préservation de la paix sociale ». « Il y a d'autres moyens qu'un procès pour dénoncer la lâcheté du régime de Vichy », a conclu en 1990 le ministre délégué à la Justice et cela est resté comme une tache.

En écoutant la requête de Bernadette, maître Kiejman songe soudain combien il aurait aimé que François Mitterrand prononce le discours du Vel' d'Hiv' : celui qui a fondé la présidence de Jacques Chirac le 16 juillet 1995 et créé une vraie rupture, en reconnaissant la faute de l'État français sous le régime de Vichy. Mitterrand s'y était toujours refusé. C'est donc par politesse et par coquetterie que l'ancien ministre se fait un peu prier. Il dit ce qu'il faut dire en pareil cas : « Vous avez d'excellents avocats, ils connaissent par cœur le dossier. Je ne vois pas ce que j'apporterais de plus. » Mais il sait déjà qu'il y aura pour lui une forme de rédemption à défendre l'homme qui a choisi de regarder en face le passé du pays – à défaut de pouvoir répondre du sien à son procès. Kiejman comprend à l'instant qu'il mentionnera le discours du Vel' d'Hiv' dans sa plaidoirie. Sans compter qu'il connaît trop les hommes pour imaginer que François Pinault acceptera de repartir de son cabinet sans son consentement. Puisque ses visiteurs insistent, il le donne, à condition que ses confrères soient d'accord – mais autant dire que Bernadette Chirac ne s'embarrasse pas de ce genre de détail. Ainsi a-t-elle décidé, ainsi sera-t-il fait.

C'est peu dire que la nouvelle contrarie Jean Veil. Il admire son confrère, de quinze ans son aîné, et se souvient encore d'un procès concernant la bande dessinée *Peanuts* où Kiejman avait sorti devant une cour hilare des bas roses à l'effigie de Snoopy qui appartenaient à sa femme, l'actrice Marie-France Pisier. Mais l'idée de voir débarquer Kiejman auprès de Chirac dans une équipe déjà étoffée d'avocats ne le fait pas rire du tout. Il l'accueille comme un dogue et menace de partir à plusieurs reprises, tout en étant conscient qu'il ne peut en arriver à une telle extrémité. Une affection réelle et réciproque le lie à Jacques Chirac envers lequel il se sent une obligation morale. Et puis l'abandonner en chemin reviendrait à un suicide professionnel. L'expérience donne à Kiejman ce qu'il faut de patience, tandis que l'intelligence et le réalisme rendent à Jean Veil un peu de souplesse : tous deux surmonteront leur antagonisme des débuts. « Tu parleras du maire, je parlerai du président », décrète le plus ancien et ce partage des rôles va s'imposer malgré leurs divergences.

L'ancien ministre de Mitterrand pense que Chirac ne peut pas camper sur une position contradictoire : d'un côté, dire qu'il n'a rien fait de mal, de l'autre assumer tout parce qu'il était le chef. C'est, grosso modo, la défense choisie par Jean Veil et par les conseillers de toujours, Maurice Ulrich et Bertrand Landrieu. Elle consiste à montrer que les infractions ne sont pas constituées – une solution technique périlleuse. Kiejman, lui, veut se présenter devant le tribunal en marchant sur le fil de l'Histoire, avec cet argument : « Vous ne pouvez pas condamner un grand président. »

Le « grand président » en question contemple cette agitation avec un détachement croissant. Il n'a guère apprécié que Bernadette lui impose Kiejman, et s'il reste avec l'avocat d'une parfaite courtoisie en débitant des amabilités qui n'engagent à rien, il refuse obstinément de le voir en privé. Ils sont contemporains, ont, au fond, des tempéraments de guerrier assez comparables, beaucoup d'humour, un indéniable amour des femmes, un penchant exceptionnel pour le cynisme et du goût pour le succès. Ces deux attachantes personnalités devraient s'entendre. Mais Chirac, qui appelle sans cesse Kiejman « monsieur le ministre », maintient la distance et se contente d'assister aux réunions – sans rien dire la plupart du temps. Il écoute, se montre lointain, ne pose aucune question et il n'est pas exclu qu'il se barbe copieusement. Quand Kiejman est là, à partir de janvier 2010, les seuls mots que Chirac prononce pendant les réunions sont : « Hééé, apportez-moi un tonic, s'il vous plaît. » Expression pudique, puisque chacun sait autour de la table qu'il y a du gin dedans.

L'avocat ne se décourage jamais, pourtant, de demander à le voir seul à seul. Il doit préparer une plaidoirie sur un homme dont la carrière politique n'a aucun équivalent : deux fois Premier ministre, dix-sept ans maire de Paris, deux fois président de la République. Il a besoin de sentir les choses par lui-même. « Je vais plaider pour lui, je veux le voir en tête à tête ! » répète-t-il. Il fait clairement comprendre qu'il ne saura peser au trébuchet les termes d'une communication définie par d'autres mais ne rencontre que silence, fuite et échappatoires. Kiejman, excédé, menace même de partir, lui aussi, s'il est empêché de parler au président. Car il est persuadé que cette barrière est érigée par son entourage. Lionel Jospin lui reproche déjà avec véhémence de défendre Chirac. Si de surcroît, il ne peut pas voir son client...

S'adresse-t-il à Claude, à plusieurs reprises ? « Oui, bien sûr, venez », répond-elle et cela ne se fait jamais. Un jour pourtant, maître Kiejman finit par obtenir un déjeuner, dans un restaurant du 15e arrondissement. Le président, sa fille, l'avocat. L'atmosphère se fait soudain plus légère que dans les bureaux de la rue de Lille et chacun évoque ses souvenirs personnels. Kiejman demande alors à Chirac quelle image il aimerait que l'on retienne de lui. Et celui-ci de répondre : « Moi au musée Guimet. » L'homme aux mille facettes choisit de livrer celle-ci, liée à son adolescence, quand le destin n'était pas accompli et que tous les choix étaient encore permis. Peut-être revoit-il avec indulgence, lui qui s'en accorde si peu, ce grand jeune homme très beau, épris d'art asiatique, méditant sur l'éveil du prince Siddharta, le Bouddha pur et parfait, ou rêvant « à la prodigieuse rencontre des soldats perdus d'Alexandre avec les cavaliers des steppes et les ascètes de l'Inde ». Ce sont les mots qu'il avait employés, en 2001, après avoir inauguré le « nouveau musée Guimet », enrichi d'une section d'art khmer.

Quand Kiejman a réveillé par une harangue inspirée un procès en train de s'enliser dans la boue des petites combinaisons de la politique et qu'il s'est retrouvé, un vendredi soir, sans voix, sur le trottoir du palais de justice, son téléphone a sonné. C'était Chirac : « Maître, je sais que vous avez très bien plaidé. » L'ancien président le remercia chaleureusement, avec des mots justes. C'était la première fois qu'il ne l'appelait pas « monsieur le ministre », avec un rien d'ironie.

Qu'avait-il dit à la cour, cet avocat revenu de tout, qui ne pouvait s'empêcher de trouver à Chirac de l'*imperium* ? « Vous allez faire ce que seule la mort peut faire. Transformer une vie en destin. Vous avez en main l'image de Jacques Chirac. L'homme libre, l'homme qui s'est engagé contre la peine de mort, en faveur de l'IVG, l'homme qui a dit non à George W. Bush. Celui qui a sorti la France du déni de Vichy. Vous ne pouvez pas rabaisser Jacques Chirac qui a incarné la France, sans rabaisser les Français. »

Peu après, il y a eu un petit goûter, rue de Lille. Tout le monde a pris des photos assez moches, avec des appareils de poche. Chirac, très digne, souriant, s'est contenté de lire un compliment, assez banal, écrit très gros. De petites croix rouges y marquent les fins de phrase et les mots importants y sont soulignés au feutre jaune fluorescent. « Merci de m'avoir supporté, car je sais que je n'ai pas été un client facile », a-t-il dit.

Dans l'assistance, seuls Bertrand Landrieu et lui savent de quelle colère il s'est chauffé quand il a demandé, plusieurs mois auparavant à son directeur de cabinet, les yeux dans les yeux : « Est-il exact que maître Kiejman raconte partout dans Paris que je suis gâteux ? »

11

L'argent

« Ce qui intéresse l'homme politique, ce n'est pas l'argent. C'est le pouvoir. Il ne pense qu'à ça tout le temps, jour et nuit. S'il passe ses dimanches à serrer des mains, écouter des raseurs ou faire de la route, c'est pour le pouvoir. S'il sacrifie tout, sa famille, sa santé, sa dignité, c'est toujours pour le pouvoir. Il se gâche la vie pour être conseiller général ou président de la République. Pas pour gonfler son compte en banque. »

François Mitterrand
cité par Franz-Olivier Giesbert,
Le Vieil Homme et la Mort

Ce jour de janvier 2010, il m'attend, bien campé au milieu du couloir, les pieds écartés, les mains dans les poches. Je vois qu'il se réjouit de mon air ahuri quand sa collaboratrice, Bénédicte Brissart, s'efface pour me laisser entrer dans les bureaux de la rue de Lille. Nous avions rendez-vous toutes les deux à 13 h 15 pour aller déjeuner et je pensais que l'ancien président serait parti depuis longtemps de son côté. C'est ce qu'elle m'avait annoncé. Chirac me regarde avec un sourire satisfait : son effet de surprise est parfait et il n'a pas besoin d'un examen attentif pour comprendre que j'ai grand plaisir à le voir. Il y a longtemps qu'il a abandonné les « madame » longs comme le bras qu'il me donnait du temps de l'Élysée, voire les « Hééé, madame Gurrey » un peu secs qui signaient son mécontentement. Il m'appelle désormais par mon prénom et m'embrasse comme du bon pain en me tenant aux épaules : « Ah, Béatrice ! Je vous attendais. Je voulais vous dire bonjour... » Il ne me tutoie pas encore, cela viendra l'année suivante.

De ce long couloir au parquet ciré, et orné de sculptures des trois animaux qui ont la peau la plus épaisse au monde – un éléphant, cadeau d'Anne Lauvergeon, l'ancienne sherpa de François Mitterrand, un hippopotame, offert par l'ancien ambassadeur de France à Abidjan, et deux rhinocéros –, nous passons au bureau de sa chargée de communication, juste en face du sien.

Si Chirac m'attend ce jour-là, c'est qu'il a quelque chose d'important à me dire. Nous parlons toujours un peu du *Monde*, car il sait que j'ai été présidente de la Société des rédacteurs et cette singularité de journalistes propriétaires de leur titre – plus pour longtemps – l'intrigue. C'est un poste auquel on est élu et où l'on encaisse pas mal de coups, sans beaucoup de gratifications : cela, il le comprend sans peine. Et puis le journal, outrageusement balladurien à ses yeux, a été son ennemi juré pendant la campagne de 1995. Nous discutons désormais de tout cela avec une certaine décontraction puisqu'il n'y a plus entre nous d'enjeu de cet ordre.

Quand il passe à l'attaque, ce grand fauve un peu fatigué, je l'écoute attentivement, sans sortir mon carnet pour ne pas briser son élan. « Je me fiche de l'argent. Il en faut pour faire de la politique mais ça ne m'intéresse pas. Je veux que vous sachiez [il martèle ses mots] que je ne touche pas un centime sur ce livre [il aplatit sa grande main sur le premier tome des *Mémoires*]. J'en ai donné la moitié à ma fondation et l'autre moitié à la fondation Claude-Pompidou », me dit-il. Dès qu'il est parti, après m'avoir embrassée de nouveau, je me précipite pour transcrire ces quelques phrases, sous l'œil amusé de Bénédicte. Ces échanges sont si rares.

Le premier tome de ses *Mémoires, Chaque pas doit être un but*, se vendra à trois cent soixante-dix mille exemplaires, ce qui en fait un considérable succès de librairie. Nicole Lattès, qui dirigeait alors les éditions Robert Laffont, a eu besoin de toute sa finesse pour le convaincre de se plier à l'exercice auquel ses prédécesseurs avaient consacré des milliers de pages, ciselées pour l'Histoire. Des Mémoires ! « Mais qui cela peut-il intéresser ? » disait-il. Lors d'un déjeuner avec Henri Proglio, alors PDG de Veolia, il lui a demandé : « Henri, ils me tannent tous pour que j'écrive mes Mémoires. Vous ne voulez pas écrire les vôtres ? Vous voulez que je vous envoie quelqu'un ? » Puis il s'est pris au jeu et Jean-Luc Barré a fait le reste, avec patience et passion, après des centaines d'heures d'entretiens. Il a mis en forme cette vie foisonnante qui ressemble à un roman − sans sortir du cadre de confidences assez calibrées. Quand Frédéric Salat-Baroux a cherché à son tour à y mettre sa patte, il a été cantonné à une insipide postface pour le second tome[1]. Il s'était déjà beaucoup mêlé de la relecture, tel un commissaire politique affecté par erreur aux Monuments historiques. « C'est Salat et Baroux qui relisent », pouffaient les collaborateurs du président. Ils jugeaient usurpé que l'ancien secrétaire général se pose en gardien du temple, voire en héritier.

Toujours est-il qu'un colossal succès a cueilli Chirac aux portes du grand âge et au zénith de sa popularité. Cela veut dire beaucoup d'argent : pour la seule année 2009, il a versé 580 000 euros aux deux fondations, soit 290 000 euros chacune. Ses vieux conseillers pensaient qu'il ne pouvait garder cette manne, alors qu'il devait comparaître devant le tribunal pour « abus de confiance » « détournements de fonds publics » et « prise illégale d'intérêts ». Il n'était pas question d'indisposer les juges ! À cela s'ajoutait le souci de Bernadette Chirac de ne pas payer d'impôts supplémentaires puisque les dons aux fondations sont défiscalisés.

Lui-même est sans doute sincère en me disant : « Je me fiche de l'argent. » Ce n'est pas son moteur, mais un moyen, plus qu'une fin. Les *Guignols* ont eu beau, au terme du septennat, le représenter chaque soir brassant des liasses de billets, ce n'est pas cette image qui lui correspond le mieux et qui reste. Il est néanmoins vrai que les Chirac ont vécu pratiquement toute leur vie dans les palais de la République aux frais du contribuable.

---

1. *Le Temps présidentiel*, NiL, 2001.

Si l'abandon de la quasi-totalité des confortables droits d'auteur du premier tome des *Mémoires* ne suscite guère de débats au sein de l'équipe de la rue de Lille, il n'en va pas de même pour la transaction avec la mairie de Paris. Faut-il ou non indemniser la Ville pour les emplois fictifs, avant que le procès n'ait lieu ?

Frédéric Salat-Baroux est violemment contre. Il pense que payer reviendrait à reconnaître la culpabilité de l'ancien maire. Ce n'est pas faux. Du moins cette équation peut-elle s'établir assez automatiquement dans l'esprit de tout un chacun. Mais de là à adopter la stratégie du pire... Dès le début des discussions dans l'équipe qui entoure Chirac, « FSB » campe sur une ligne très dure : Chirac n'a rien fait, ce dossier est vide. Aussi publie-t-il dans *Le Figaro* une tribune extrêmement agressive à l'adresse de la juge Simeoni lorsqu'elle renvoie Chirac devant un tribunal correctionnel à l'automne 2009 : « Non, madame la juge, votre décision n'est pas le symbole d'une justice libre, elle est la marque de votre incapacité à vous abstraire du fantasme d'une Ville de Paris mise au service de l'ambition d'un homme ! » On jurerait pourtant que cette magistrate est moins dans le fantasme que dans l'examen minutieux des dossiers. « Existait-il un système organisé d'emplois fictifs ? NON [*sic*] : sur près de cinq cents emplois examinés par la justice, vous n'en retenez que vingt et un, au terme de plusieurs années d'enquête ! » poursuit le nouvel avocat (d'affaires) Salat-Baroux, avant d'accuser frontalement la juge de faire monter la cote de Marine Le Pen ! Cet argument confine au délire. Le papier est titré : « Quelle erreur, madame Simeoni ! » Chirac, lui, quand il se rend à une audition chez la juge, prend soin d'aller chez le coiffeur et se montre d'une exquise politesse – sans répondre autrement que par un « Je ne me souviens pas ! » aux questions de la magistrate. Salat-Baroux s'énerve tant de voir que la transaction aura finalement lieu avec la mairie de Paris qu'il claque la porte de la rue de Lille. Les avocats continueront sans lui.

Pourtant en opposition chronique, ces derniers tombent assez vite d'accord sur le fait qu'il faut payer. C'est l'une des premières décisions sur lesquelles l'influence de maître Kiejman se fait sentir : un prévenu, coupable ou pas, qui répare le préjudice et attend sereinement la décision de la justice marque un très bon point, fait-il valoir. Et si l'on veut avoir une chance d'obtenir une dispense de peine, il faut d'abord avoir réparé les dommages. Jean Veil, qui ne poursuit pas tout à fait le même raisonnement, aboutit à la même conclusion. Il a longtemps pensé qu'il n'était pas impossible que le dossier soit fermé et les poursuites abandonnées – des dizaines d'années se sont écoulées –, mais cette heureuse conclusion pour le prévenu ne serait possible que si la partie civile ne se sentait pas lésée. La condition sine qua non, soutient Jean Veil, pour que le juge renonce aux poursuites en considérant le conflit entre les personnes plus important que le trouble à l'ordre public, c'est que ce conflit soit éteint. Très prosaïquement, les avocats espèrent qu'en payant, la partie civile retirera sa plainte, faisant tomber tout le dossier. François Pinault est, lui aussi, d'avis qu'un arrangement financier est préférable. Chirac laisse faire, tout cela l'ennuie prodigieusement. « Allez-y, voyez ce que cela donne. »

Bertrand Landrieu, qui fume des petits cigares devant un immense tableau représentant le drapeau français, opine du chef : il discute depuis longtemps avec Bertrand Delanoë. Quand il était préfet de Paris, il déjeunait seul à seul avec le maire une fois par an. C'était en général en juillet, quand tout le monde commençait à partir en vacances et que la capitale se vidait. Les deux hommes avaient pris cette habitude, en alternance : une fois à la mairie de Paris, l'année suivante à la préfecture. En 2007, l'année où Chirac quitte l'Élysée – et Landrieu son poste –, le rituel n'a pas lieu. Mais en septembre, c'est Bertrand Delanoë qui l'appelle : « Il faut que l'on déjeune. »

Son message est assez simple : « Je ne peux pas retirer ma plainte, ma partie civile. C'est impossible politiquement. Mais je ne ferai rien pour enfoncer Chirac », dit-il en substance à Landrieu. Assez vite, les négociations s'engagent, à plusieurs niveaux. Jean Veil discute avec Jean-Pierre Mignard, ami de François Hollande et avocat chargé de défendre la mairie de Paris. Landrieu, lui, se charge avec Nicolas Revel, un jeune énarque, proche collaborateur de Delanoë et futur secrétaire général adjoint de l'Élysée sous François Hollande, de définir le montant de la somme due à la collectivité locale.

Des contacts ont été noués très tôt avec les avocats de l'UMP, car les Chirac sont déterminés à ne pas payer seuls la facture des emplois fictifs destinés à l'ancien RPR. Mais c'est Bernadette Chirac en personne qui ira plaider auprès de Nicolas Sarkozy, président de la République, pour que l'UMP, héritière du vieux parti gaulliste, s'acquitte en quelque sorte d'un devoir filial. Celle qui accomplit le travail politique, qui s'inscrit dans une histoire, qui justifie et fait la quête, c'est elle. C'est Bernadette encore qui réussit, avec l'aval de Sarkozy, ce partage léonin, laissant l'UMP payer les trois quarts de la somme. « Un cheval, une alouette », disait-on dans les campagnes. L'addition est astronomique : 2 218 072,46 euros exactement. Soit près de 1,7 million pour l'UMP et un peu plus de 500 000 euros pour les Chirac. La transaction rapportera à la mairie plus que les emplois n'ont coûté au contribuable ! Mais chez les chiraquiens, la nouvelle idole s'appelle Delanoë. Ils le trouvent formidable, impeccable, sensationnel. Il se montrera à la hauteur de leur estime...

Le 27 septembre 2010, le Conseil de Paris adopte le protocole d'accord d'indemnisation mis au point par les avocats, par cent quarante-sept voix pour, treize contre et une abstention (le socialiste Michel Charzat). Les débats sont houleux, en raison de la résistance des Verts, mais cette majorité écrasante valide sans conteste le processus. Si les ennuis avec les écologistes étaient prévisibles – ce sont eux qui ont toujours porté le fer contre Chirac, en particulier dans l'affaire des « frais de bouche » de l'Hôtel de Ville –, Bertrand Delanoë ne soupçonnait pas les ennuis qui l'attendaient avec ses camarades socialistes. Il n'est pas à la fête et aurait pu craquer dix fois. Son tempérament colérique, son autoritarisme parfois tranchant ne l'empêchent pourtant pas de garder ses nerfs et de tenir son engagement à l'égard de Chirac : il n'attaque jamais l'ancien président. Et tout le monde ou presque est derrière lui, dans la majorité comme dans l'opposition, lorsqu'il conclut : « S'il y a eu restitution, c'est qu'il y a eu spoliation [...] Les responsabilités sont reconnues et assumées ». En échange, il retire sa partie civile. Cela ne suffira pas, mais le petit clan autour du président respire.

Bernadette Chirac, pour sa part, entend bien éviter que l'argent du second tome des *Mémoires* soit intégralement versé aux fondations. « J'ai absolument besoin des droits d'auteur du tome II, il faut payer la mairie de Paris », a-t-elle confié à un ami. Car il reste 500 000 euros à débourser à titre personnel pour dédommager la Ville et il apparaît évident que l'argent gagné avec le second tome devra servir à cela. De façon très rationnelle, elle fait un emprunt à une banque, gagé sur les droits d'auteur. Mais elle anticipe déjà le fait que la dégradation de l'état de santé de son mari et la proximité de son procès ne lui permettront pas d'assurer la promotion de ce livre. Il se vendra, de fait, un peu moins bien que le premier.

Comment, dès lors, s'assurer sans trop de peine un revenu supplémentaire tout en satisfaisant son goût des mondanités ? Bernard Arnault lui offre la solution sur un plateau d'argent. LVMH avait d'abord songé à Hélène Carrère d'Encausse pour entrer au conseil d'administration du groupe de luxe, mais l'académicienne s'est récusée. Il propose alors le poste à l'ancienne première dame, publicité ambulante de ses marques, avec ses éternelles lunettes fumées Dior et son sac Vuitton. Ses jetons de présence et les dividendes des cinq cents actions qu'elle possède à titre personnel vont lui rapporter environ 50 000 euros par an. On ne lui demande guère d'ouvrir la bouche, dans cette assemblée où siègent, entre autres, Nicolas Bazire, un multicarte des conseils d'administration, très proche de Nicolas Sarkozy et d'Édouard Balladur, Diego Della Valle, le PDG de Tod's, les chics mocassins à picots, Yves-Thibault de Silguy, qui navigue à la frontière de la haute administration et de l'entreprise, le milliardaire Albert Frère ou l'ancien ministre Hubert Védrine. On ne lui demande que de faire acte de présence une ou deux fois par an – et d'être elle-même.

Elle n'ignore pas, bien entendu, qu'elle va provoquer un drame en acceptant la proposition de Bernard Arnault, l'éternel ennemi de Pinault. « Écoutez, ils travaillent dans les mêmes sphères et l'on a beaucoup brodé là-dessus. À l'âge que j'ai, je n'ai pas levé le doigt pour demander la permission. Mon affection pour les Pinault est totale et ce sont des amis irremplaçables », me dira-t-elle un jour de mars 2011 en Corrèze, où elle fait campagne pour sa réélection au conseil général.

En réalité, alors que les Chirac sont invités par les Pinault lors du week-end de Pâques 2010, Bernadette questionne benoîtement son hôte : « Bernard Arnault me demande d'entrer à son conseil d'administration, qu'en pensez-vous ? » La réponse de François Pinault est cinglante : « C'est stupide pour deux raisons. Je ne pense pas que votre expérience de l'entreprise soit très grande. Il faut quand même donner son avis sur des questions économiques. Et deuxièmement, il vous demande de rentrer à un âge où généralement on demande aux gens d'en sortir ! » C'est vrai : quitte à faire de la figuration dans un conseil d'administration, autant prendre un mannequin, jeune et jolie, au moins c'est décoratif, rit intérieurement Pinault, pas mécontent de sa petite rosserie. Au fond, il s'en fiche. Mais quand Bernadette passe à l'acte et accepte la proposition de LVMH, Chirac est à la fois fou de rage contre sa femme et affecté pour son ami. Il se dit aussi que la situation va devenir intenable pour sa fille Claude, qui s'occupe encore de la communication du groupe PPR, fondé par Pinault.

Son chauffeur l'emmène aussitôt dans les bureaux d'Artemis, rue François-Ier, où il débarque, effondré à l'idée que cet épisode puisse ruiner une vieille amitié. Il n'en est rien et l'homme d'affaires breton lui assure que leurs relations n'en seront jamais altérées. Peu de temps après l'entrée de Bernadette chez LVMH, Claude démissionne de chez PPR. C'est pour les Chirac une période un peu noire, assez triste, incertaine.

12

Cher Jean-Louis

« Jean-Louis, trouve-lui un boulot. » L'annotation, portée au feutre rouge dans la marge, est de la main de Jacques Chirac. Sur la lettre du solliciteur, qui demande un emploi pour sa fille, on ne voit que cela, la grande écriture anguleuse et écarlate de l'ancien président. Combien de fois dans sa carrière lui est-il arrivé de griffonner quelques mots ou de saisir son téléphone, le dimanche, pour appuyer une requête ? En lisant cette lettre, dans son majestueux bureau du Conseil constitutionnel qui donne sur le Palais-Royal, son président, Jean-Louis Debré, manque de s'étrangler. Elle est arrivée par la poste et a transité par bon nombre de bureaux, jusqu'à son secrétariat. Le fils de Michel Debré, ancien juge, a soudain un petit frisson en pensant aux ravages que pourrait causer une photocopie de ce document. Il saisit aussitôt son téléphone portable recouvert d'une coque bleu-blanc-rouge, et dont une sonnerie est réservée au chef de l'État.

« Mais arrêtez ! s'énerve-t-il. C'est précisément cela que l'on vous reproche, vous avez un procès pour ça !

— Qu'est-ce qu'il y a de mal ? répond Chirac. C'est pour la fille d'un Corrézien qui m'a beaucoup aidé !

— Je m'en fous ! Elle a un BTS, qu'est-ce que j'en ferais au Conseil constitutionnel ?

— Mais il m'a aidé toute ma vie en Corrèze et ils sont en difficulté... »

Il est inutile de vouloir faire comprendre à Jacques Chirac que cette démarche n'est pas exactement opportune. Quoi qu'il en soit, il adore Jean-Louis Debré et il lui fait confiance. Son refus n'y changera rien. Chirac connaît depuis toujours le fils de l'ancien ministre du général de Gaulle, un fidèle d'entre les fidèles, même aux périodes les plus noires. En 1993, en 1994, et encore au début de 1995, quand tout le monde ou presque avait abandonné le « grand » pour Édouard Balladur, Debré était là. Pas Bernard, son jumeau, le député et urologue qui a opéré les prostates des importants de Paris. Non, Jean-Louis, qui a vu Claude organiser les déplacements de son père à la rencontre des Français et les a accompagnés, qui a observé les défections des traîtres et toujours occupé une place toute particulière auprès du chef. Ce n'est pas un lien de nature filiale, ils n'ont que douze ans d'écart, mais presque familial, tissé de complicité, d'humour et d'affection. Son passage au ministère de l'Intérieur ne pouvait le laisser soupçonner, mais Jean-Louis Debré est d'une nature joviale, assez fine, et il accepte volontiers de passer pour ce qu'il n'est pas, un « aboyeur », quand il s'agit de rendre service à Chirac.

Il y a mille anecdotes comme celle-ci, pour décrire leur relation. Paris s'éveille, l'air de ce mois de mars

1995 est frisquet et Chirac s'apprête à partir en campagne avec un petit cortège de voitures en Haute-Normandie. À Debré qui descend en sa compagnie l'escalier du QG, le candidat tend un papier et lui glisse à l'oreille : « Reste avec moi. » Un sondage le place pour la première fois devant Édouard Balladur ! Chirac ne dit pas un mot, n'affiche pas même un sourire, mais dans la voiture où il monte avec Claude et Debré, c'est l'euphorie. « Balladur me fait penser à ce proverbe chinois qui compare les militaires à des poteries anciennes : elles supportent les décorations mais pas le feu », rigole Chirac. À l'arrivée, lors de la table ronde organisée avec les sauveteurs en mer, le candidat a les yeux dans le vague, tournés vers un horizon intérieur qui l'emmène très loin. Est-ce bien là qu'il a toujours voulu aller, au sommet, quel qu'en soit le prix ? Il fait semblant d'écouter – Debré le connaît si bien –, attiré comme dans un vertige par ce destin tant désiré, que tout homme raisonnable devrait pourtant redouter. Sur le port, il fait un temps affreux, mais Debré assure : « Il y a du ciel bleu. » Chirac sourit.

Il l'accompagne tout au long du pouvoir, visiteur dominical de l'Élysée, à la fois conseiller de l'ombre et personnage visible de la République. Est-il arrivé que les deux amis qui viennent voir régulièrement Chirac le dimanche, Pierre Mazeaud et Jean-Louis Debré, se croisent dans les couloirs du palais ? Sans doute pas, même s'ils se connaissent par cœur. Le premier, issu d'une longue lignée de juristes, a servi de guide au plus jeune sur les pentes arides du droit. C'est lui, Mazeaud, que Chirac a d'abord nommé au

Conseil constitutionnel en 1998, comme simple membre, puis président des sages, six ans plus tard.

Au moment des vœux, chaque début d'année, le rituel est réglé de façon immuable. Mazeaud arrive vers 16 h 30 à l'Élysée pour la cérémonie, où, en gardien féroce de la Constitution, il lance quelque philippique. À 17 h 15 Debré, président de l'Assemblée nationale, lui succède, accompagné de ses homologues du Sénat et du Conseil économique et social. En 2006, ils conjuguent même leurs forces pour étriller les promoteurs de la VIe République et défendre l'héritage du Général et de Debré père, auteur de la Constitution de 1958. « Ne touchons que d'une main tremblante à des institutions qui sont le socle de la République ! » s'écrie Mazeaud, à la grande satisfaction du chef de l'État – Nicolas Sarkozy n'a alors que le bouleversement des institutions à la bouche.

Ce beau trio amical va pourtant se briser. La fine fleur des juristes et l'élite de la haute administration ont un nom en tête, en 2007, pour remplacer Mazeaud, dont le mandat arrive à expiration, à la tête du Conseil constitutionnel. Lui-même approuve ce choix et est allé le souffler au président, qui doit le nommer : Renaud Denoix de Saint Marc a dirigé le Conseil d'État. Il n'aura que les jardins du Palais-Royal à traverser.

C'est finalement Jean-Louis Debré qui sera choisi. À cette nouvelle, Mazeaud éructe, tempête, fulmine. Il pense que son ancien disciple ne connaît pas assez le droit, dont il lui a pourtant insufflé le goût. C'est une si grande fâcherie qu'aucun émissaire ne parvient à l'apaiser. « Pierre, je suis malheureux », avoue en vain le président. Bien qu'il ne le soit pas moins, Mazeaud ne cède pas. « On va finir par l'aimer, Jacquot. Juste au moment où je ne l'aime plus. Ah, saloperie... ça me coûte du chagrin », lâche-t-il parfois.

Mais dans quelques mois, Chirac siégera au Conseil constitutionnel, aux côtés de son vieil ennemi Valéry Giscard d'Estaing, et il préfère qu'il y ait entre eux son cher Jean-Louis plutôt qu'un haut fonctionnaire, certes juriste incontesté, mais réputé sarkozyste, comme Denoix de Saint Marc. À ce point de sa vie politique, après en avoir tant vu, Chirac se fiche comme d'une guigne des commentaires de la presse : les journaux soulignent à l'envi que cette nomination ressemble à une récompense pour services rendus, doublée d'une décision pour convenance personnelle. Qu'importe. C'est que, en cette année d'élection présidentielle, l'enjeu est de taille et le rôle du Conseil constitutionnel primordial : il prend toutes les décisions réglementaires préparatoires à l'élection, contrôle de bout en bout les parrainages, examine les éventuels contentieux et arbitre les recours sur les comptes de campagne des candidats.

En juillet 2013, toujours sous Debré, qui aura fait mentir ceux qui le sous-estimaient, le Conseil constitutionnel rejettera les comptes de campagne 2012 de Nicolas Sarkozy – une première sous la Vᵉ République. Ce qui plongera l'UMP dans une crise financière difficile à surmonter. Mais personne ne peut douter du bon droit des sages du Palais-Royal.

L'aberration qui place parmi eux les anciens chefs d'État est due au Général qui ne savait que faire du dernier président de la IVe République, René Coty, créant ainsi un précédent fâcheux. Mais elle réjouit Chirac, que sa présence au Conseil distrait de sa déprime post-pouvoir. « Je l'aime beaucoup, Jean-Louis Debré. C'est mon président au Conseil constitutionnel. J'assiste à toutes les réunions sans exception. Il m'est arrivé une ou deux fois de ne pas être là parce que j'étais coincé, mais je suis très assidu », me dira l'ancien président deux ans après avoir quitté l'Élysée, en ajoutant : « Jean-Louis préside avec beaucoup d'autorité et d'intelligence. »

Les photos de cette époque sont assez divertissantes. Au bout de la table en verre où délibèrent habituellement les membres du Conseil, les deux anciens présidents entourent Jean-Louis Debré, qui goûte à l'évidence la situation : Valéry Giscard d'Estaing à sa droite, Jacques Chirac à sa gauche. Derrière eux, une grande glace bordée d'or reflète un lustre aux gouttes étincelantes, une pendule Empire en bronze doré indique l'heure sur la cheminée – mais le temps semble s'être arrêté. Sur la porte, des angelots blancs sur fond bleu, telle une porcelaine Wedgwood, veillent sur les trois hommes. C'est dans ce décor théâtral que se déroulent des scènes cruelles ou cocasses. En 2009 Giscard a fait un bide littéraire et commercial avec son livre *La Princesse et le Président*, ce n'est pas un secret – et Chirac se penche un jour vers Debré en murmurant très fort : « Tu sais, j'ai fait quatre cent mille exemplaires avec les

Mémoires ! Et tu as vu, c'est même traduit en russe et en chinois. »

Lorsque j'avais demandé à Chirac s'il avait lu l'opus de VGE, il m'avait répondu, l'œil brillant d'ironie : « Ah bon, parce qu'il a écrit un livre ? Non, je ne l'ai pas lu, mais je vais le lire. C'est toujours intéressant de savoir ce qu'un homme intelligent a à dire sur les choses. » J'avais ri et il n'avait pas paru fâché d'avoir son petit succès. La ténacité de ces vieilles haines recuites a quelque chose de rassurant...

Lorsque le téléphone sonne moins rue de Lille et que les visites s'espacent, Debré est encore là pour Chirac. L'esprit du président vagabonde, laissé pour la première fois depuis très longtemps face à lui-même. Le président du Conseil constitutionnel, lui, a compris très jeune ce qu'est le sevrage du pouvoir. Il a quinze ans tout juste quand un soir, en rentrant rue Spontini, au domicile familial, dans le 16e arrondissement, il trouve une effervescence inhabituelle, du monde, des fleurs partout et sa mère qui lui dit : « Ton père est Premier ministre ! » Et puis les chocolats, les fleurs, les visiteurs disparaissent brutalement, un beau jour de 1962, et Mme Debré dit à son fils de dix-huit ans : « Ton père n'est plus rien. » Quelle phrase terrible. Le général de Gaulle vient de changer de Premier ministre et de remplacer Michel Debré par Georges Pompidou à Matignon.

Jean-Louis Debré garde le souvenir de ce père, à la fin de sa vie, miné par la maladie, en fauteuil roulant, s'acharnant à écrire ses Mémoires, qui le tenaient en vie. Il mourut le jour où il les termina. Debré n'aura de cesse que de pousser Chirac à rédiger les siens, trois tomes, quatre si nécessaire ! Même si cela ne se vend pas ! Il ne lui échappe pas qu'après avoir souvent bougonné : « La vache ne retourne pas à l'abreuvoir », Chirac a fini par trouver du plaisir à cet exercice. Debré sait, pour l'avoir vécu, ce que veut dire le silence autour de ceux que le pouvoir a désertés. Du jour au lendemain, il n'y a plus rien. On ne se préoccupe plus que du prochain moment où l'on partira en vacances, si ce mot a encore un sens. Ou alors la mort s'invite dans vos pensées sans crier gare.

Parfois, elle surgit au détour d'une conversation, comme une parente intrusive, arrivée trop tôt pour le dîner. Jean-Louis Debré a tenu son journal de président de l'Assemblée nationale dont le manuscrit dort dans un coffre-fort. Témoin de maintes conversations entre Chirac et des tiers, sollicité par lui pour débriefer celles dont il était absent, il cite des dizaines de fois l'ancien président dans son livre – et pour s'assurer qu'il n'y voyait pas d'inconvénient lui a envoyé le texte avant publication. Le téléphone sonne. Au bout du fil, Chirac : « C'est génial !

— Je vous connais trop, vous ne l'avez pas lu. » Patiemment, Debré passe au feutre fluorescent les citations de son grand homme afin qu'il lise au moins cela. Chirac les regarde attentivement et dit : « Attends ma mort. »

Il y a entre eux beaucoup de moments joyeux, des promenades, des rigolades, des conversations, des beuveries raisonnables, à la Rhumerie du boulevard

Saint-Germain ou ailleurs. L'ancien président a abandonné la bière, cette Corona un peu pâle dont il descendait des hectolitres. Il est passé aux cocktails.

Quand vient le temps du procès, Chirac ne peut décemment plus assister aux séances du Conseil constitutionnel et encore moins délibérer. Non seulement pour des raisons politiques évidentes, mais aussi parce que la révision constitutionnelle de 2008, en introduisant la « question prioritaire de constitutionnalité » (QPC), a fait du travail de membre du Conseil un emploi à temps plein. Depuis 2010, date de mise en œuvre effective de cette réforme, dont l'idée remonte à Georges Vedel et à Robert Badinter, tout justiciable peut poser la question de la constitutionnalité du litige qui le concerne. Même pour des lois très anciennes. C'est un succès foudroyant : en un an, le Conseil passe de trente décisions à cent cinquante, qui font toutes, par nature, jurisprudence.

Le 5 mars 2011, à deux jours de l'ouverture du procès, où il est prévu que Jacques Chirac vienne lire une déclaration avant de se retirer, Jean-Louis Debré annonce au *Monde* que l'ancien président ne siégera pas au Conseil pendant la durée de son procès. Tout le monde comprend qu'il ne reviendra pas. Il précise aussi un point, qui n'est pas de détail : « Jacques Chirac m'a indiqué par lettre qu'il avait décidé de ne pas siéger pendant toute la durée de son procès. Il m'a demandé en conséquence de suspendre le versement de son indemnité pendant cette période. J'ai pris acte de sa décision et de ce qu'elle impliquait. » Ils ont parlé, tous les deux, de cette décision inévitable qui va beaucoup coûter aux Chirac, surtout à

Bernadette. Ce n'est pas tant une question d'argent pour l'ancien président, que Debré a estimé de son devoir de prévenir : « Je ne peux pas vous donner le traitement alors que vous ne venez pas. Pour que ce soit élégant, le mieux serait que vous m'envoyiez une lettre pour me le dire. ». C'est finalement lui qui la rédige, et Chirac la signe. Ce dernier ne discute même pas, il comprend.

Cette décision rend Bernadette Chirac enragée : le traitement d'un ancien président au Conseil constitutionnel s'élève à 11 000 euros par mois. Elle appelle Debré : « Vous lui avez arraché cette lettre ! On lui fait signer n'importe quoi ! » C'est tout juste si l'ancienne première dame ne l'accuse pas d'abus de faiblesse...

Deux jours plus tard, le 7 mars 2011, le procès s'ouvre devant la 11e chambre correctionnelle du tribunal de grande instance de Paris. Mais dès le lendemain son président, Dominique Pauthe, est saisi d'une question prioritaire de constitutionnalité – la fameuse QPC – par l'avocat d'un des neuf autres prévenus, maître Jean-Yves Le Borgne. Après ce coup de théâtre, tout s'arrête. La QPC part vers la Cour de cassation et une audience est fixée au 20 juin pour décider d'une nouvelle date de procès : ce sera en septembre. Jacques Chirac ne se présentera jamais devant un tribunal.

Bernadette, qui tient à récupérer ce qu'elle a perdu, 11 000 euros par mois, revient à la charge lorsque le procès est terminé, quelques mois plus tard ; « Maintenant que le procès a eu lieu, il pourrait revenir.

— Non, il ne peut pas.
— Mais pourquoi ?
— Parce qu'il y a eu ce procès, précisément.
— C'est inique !
— Il n'a pas comparu et vous voudriez qu'il revienne juger les autres ? »

Bernadette Chirac ne veut pas comprendre que l'autorité du Conseil constitutionnel et celle de son président sont en jeu. Elle refuse de voir que cette solution était la plus digne pour son mari. Elle n'adressera plus jamais la parole à Debré et le critiquera ouvertement à la télévision. Elle ne l'invite pas aux 81 ans de Chirac, le 29 novembre 2013, alors qu'il a organisé pour lui un merveilleux anniversaire à l'occasion de ses 80 ans. À dire vrai, elle ressemble de plus en plus à la reine de pique de Lewis Carroll, dans *Alice au pays des merveilles*, qui fait couper les têtes à tour de bras. Mme Chirac devient de plus en plus acariâtre.

13

Les dessous d'un mariage

> « Comme il n'y a rien au monde qui soit si commun que les mariages, et que c'est une chose sur laquelle les hommes ordinairement se tournent le plus en ridicules, il n'est pas merveilleux que ce soit toujours la matière de la plupart des comédies. »
>
> Molière, *Le Mariage forcé*

Ah, si l'on pouvait oublier cet interminable procès, ses complications, l'affreuse image qu'il risque de laisser... Parlons de choses gaies. Et quoi de plus gai qu'un mariage, en principe ? Les magazines sur papier glacé raffolent de cette « actualité heureuse » qui éveille chez les lecteurs le désir de vivre par procuration, avec l'illusion d'entrer dans l'intimité des riches et des puissants.

Claude Chirac et Frédéric Salat-Baroux, qui vivent en concubinage depuis bientôt quatre ans, ont donc décidé de se marier le 11 février 2011, trois semaines avant l'ouverture du procès de Jacques Chirac. Voilà qui témoigne d'un sens du calendrier assez aiguisé : les alliances et les fleurs blanches contre les juges et le tribunal. Ce n'est pas préjuger des sentiments des protagonistes, mais ce téléscopage d'événements ne saurait être dû au hasard. La une de *Paris Match* prouve une communication très contrôlée. La légende indique en caractères aussi discrets que possible : « À l'heure du procès et des ennuis de santé ». En gros titre : « Chirac, un moment de bonheur ». En sous-titre : « Il marie sa fille Claude ». L'important dans l'affaire n'est pas que Claude se marie, mais que Jacques Chirac soit, paraît-il, le plus heureux des hommes. Ce n'est pas le mari qui compte, mais le père. Ce n'est pas le procès qui importe, mais les épousailles. La photo de couverture en atteste : elle ne montre que la fille et son père se tenant par le bras... Disparu, envolé, gommé, le mari. Ce pourrait être n'importe qui. À sa place, papa.

Claude semble radieuse, dans son ensemble mordoré, couvrant une robe en drapé d'un beige soutenu. Elle arbore un sourire lumineux au côté de son père, dont le regard absent laisse percer la mélancolie. Il est très chic, avec son costume bleu marine et sa cravate du même ton, semée de pois blancs. Mais sur son visage, le sourire reste figé. Un « moment de bonheur », vraiment ? À l'intérieur de l'hebdomadaire, la traditionnelle photo de famille s'étale sur une double page. Bernadette Chirac est en blanc – mais comment s'en étonner, puisque Jacques Chirac semble être le mari. Pour quelqu'un qui connaît aussi bien les usages sociaux, venir en blanc à un mariage, qui plus est quand il s'agit de celui de sa fille... Bernadette n'a pas son air des bons jours. Il n'y a guère que Line Renaud, quatre-vingt-un ans à l'époque, qui regarde Claude en riant, naturelle, encore juvénile, pleine d'affection pour celle qu'elle considère comme sa fille adoptive. Et dont elle fera, selon toute vraisemblance, sa seule héritière.

Derrière, comme un personnage secondaire, les yeux dans le vague, le nouvel époux, Frédéric Salat-Baroux. Il est en habit, mais le premier bouton de son gilet n'est pas fermé. Ce bouton... Jacques Chirac ne voit que cela, dans la tenue de son futur gendre, cette boutonnière bâillante qui donne à l'ensemble un air négligé. Dix minutes avant la cérémonie, il ne cesse de lui dire ; « Il faut fermer ce bouton ! » Mais il s'obsède en vain de cette bévue vestimentaire et, sur tous les clichés, la boutonnière restera béante pour l'éternité.

Cette fixation sur un détail apparemment anodin ne doit rien au hasard, là non plus. Il faut bien admettre que l'annonce du mariage n'a pas spécialement réjoui Jacques Chirac. Frédéric Salat-Baroux s'est plaint, dans les bureaux de la rue de Lille, que son futur beau-père lui battait froid. À son biographe, Jean-Luc Barré, qui lui demandait des éléments pour brosser un portrait de Salat-Baroux dans les *Mémoires*, l'ancien président a répondu après un long temps d'hésitation : « Vous n'avez qu'à écrire que c'est un brave garçon. » Un « brave garçon » dont il oublie volontiers le prénom... Tous ceux qui ont pratiqué l'ex-chef de l'État savent qu'il met les gens dans des cases, en souhaitant qu'ils y restent. Voir « FSB » passer du statut de secrétaire général de l'Élysée à celui de gendre a exigé de lui un effort certain et les intimes sentent qu'il n'y a pas entre ces deux hommes l'entente amicale et respectueuse que Salat-Baroux aurait espérée. L'ancien président avait même fait observer à ses collaborateurs, du temps du pouvoir, qu'il ne tolérerait pas de voir des affaires de cœur perturber le travail...

En douze ans, plusieurs idylles secrètes s'étaient nouées sous les lambris du palais et il n'en ignorait rien. Mais Chirac, pourtant le don Juan de la République, titre que les présidents semblent se disputer depuis Giscard, n'aime pas voir les familles se décomposer et les couples se défaire – Salat-Baroux est marié, son épouse est conviée aux dîners officiels, ils ont trois enfants. L'ex-président, lui, n'a jamais divorcé de Bernadette, tout en prenant les libertés qui lui convenaient, à la manière hypocrite des couples d'antan. Naguère, un président reculait devant le prix politique supposé d'un divorce : les Français ne l'auraient pas pardonné ou n'y étaient pas prêts. Peut-être entre-t-il aussi dans sa réticence le souvenir du mariage si tragique de Claude avec Philippe Habert. Pour le mariage religieux en Corrèze, après la cérémonie civile à la mairie du 4e arrondissement, plusieurs centaines de convives s'étaient pressés au château de Bity. Bernadette avait supervisé les festivités longtemps à l'avance, s'agaçant que son mari confie au chauffeur, Jean-Claude Laumond, la tâche d'accueillir et de guider les invités. « Dites-le carrément, je ne suis plus maîtresse chez moi ! » Le témoin de Claude pour ce premier mariage s'appelait

Nicolas Sarkozy. Son ancien amour et jadis le plus fidèle lieutenant de son père.

Mais Chirac, pas plus en 2011 qu'en 1992, n'ira contre la volonté de sa fille adorée – d'ailleurs, comment le pourrait-il ? Ce que Claude veut se fait donc, un vendredi ensoleillé de février, en toute discrétion. Le futur couple prend toutes ses précautions pour éviter les paparazzi, puisque les photos officielles sont réservées à *Match*. Deux mois avant la cérémonie, Frédéric et Claude se rendent à la mairie du 6e arrondissement de Paris pour rencontrer le maire, Jean-Pierre Lecoq. Ils lui ont demandé un rendez-vous sans en préciser le motif, mais l'édile n'a pas eu besoin de s'interroger très longtemps sur le sens de cette visite. Jacques et Bernadette Chirac s'étaient mariés là, dans cette mairie, face à l'église Saint-Sulpice, en 1956. La cérémonie religieuse avait eu lieu dans le 7e, à la chapelle de l'Enfant-Jésus : une annexe discrète de la basilique Sainte-Clotilde que les Chodron de Courcel jugeaient trop chic pour les Chirac.

Le maire du 6e a d'autres bonnes raisons de croire que Claude veut se marier là. Ses quatre grands-parents, aristocrates du côté maternel, bourgeois moyens du côté paternel, habitaient cet arrondissement : les Chodron de Courcel au 107, boulevard Raspail, les Chirac au 95, rue de Seine, un appartement que Claude a occupé un temps avec son fils Martin. Leurs grands amis, les Pinault, possédaient quant à eux un hôtel particulier rue de Tournon, où le président a fêté sa victoire, en mai 1995. Jean-Pierre

Lecoq a même marié François-Henri Pinault et Salma Hayek dans sa mairie, en demandant au procureur une dispense de bans, afin de ne pas alerter les photographes, la presse et les curieux.

C'est cette garantie de discrétion que Claude Chirac et Frédéric Salat-Baroux viennent chercher auprès du maire, ainsi qu'une autre faveur : « J'aurais préféré que ce soit vous... », annonce d'emblée Claude un peu embarrassée. « Mais j'ai déjà demandé à Bertrand Delanoë, complète son futur mari, car il est originaire de Tunisie, comme moi. » Le couple préfère être marié par le maire socialiste de Paris, avec qui la transaction financière sur les emplois fictifs de la Ville s'est très bien passée, plutôt que par un UMP bon teint.

Jean-Pierre Lecoq ne s'en formalise pas. Quand le grand jour arrive, il organise l'entrée du cortège de voitures par la rue Madame, cela ne s'invente pas, derrière la mairie. C'est un petit comité, trié sur le volet, qui se présente à l'heure dite. Line Renaud et l'actrice Michèle Laroque sont les témoins de leur amie Claude, mais François Baroin, le compagnon de la comédienne, n'est pas là. C'est pourtant un très proche de Chirac, qui connaît sa fille depuis l'enfance. Le ministre du Budget de Nicolas Sarkozy doit ce jour-là présenter les engagements de la France en faveur de la candidature aux jeux Olympiques d'hiver et il a décliné l'invitation. Salat-Baroux, lui, a choisi pour témoin le journaliste Jean-Pierre Elkabbach, et un ami de gauche, Olivier Rousselle, qui fut conseiller de Pierre Bérégovoy à Matignon. Évidemment, François et Maryvonne Pinault sont présents : ils iront dîner le soir avec les Chirac chez l'Ami Louis.

En attendant, Bernadette Chirac, qui bat tous les jours la campagne pour les élections cantonales en Corrèze, apparaît énervée, fatiguée. Contrairement à son mari, elle semble apprécier son futur gendre. Elle n'a jamais cherché à entraver son histoire avec Claude. Dans les moments difficiles que Salat-Baroux a traversés lors de son divorce, elle s'est même montrée plutôt utile et bienveillante. En mère, elle se réjouit que Claude ait trouvé un compagnon pour commencer une nouvelle vie. Et il y a belle lurette qu'elle a renoncé à voir sa fille épouser un « beau parti », avec un titre et de la fortune, comme les jeunes filles en rêvaient dans les rallyes du 16e arrondissement. Pendant des années, Bernadette a caressé l'espoir de la marier au fils du prince Rainier de Monaco, l'imaginant en princesse du Rocher. Et Claude pleurait : « Je ne veux pas épouser Albert ! »

Il n'empêche. Ce remake de son propre mariage, cinquante-cinq ans plus tard, ne semble pas procurer à Bernadette d'allégresse particulière. « Vous qui l'aimez bien, vous pouvez vous en occuper ? » demande-t-elle à Jean-Pierre Lecoq en parlant de son mari.

Ce petit monde est enfin installé, dans la salle des mariages où convolèrent les Chirac. Le maire de Paris, Bertrand Delanoë, silhouette sèche et souriante, s'apprête à prononcer son discours : il va faire sensation. Doué d'un talent oratoire qui a fait une partie de sa réputation, il ne s'attarde guère sur les mariés, sans oublier cependant sa chère Tunisie. Non, c'est aux Chirac qu'il déclare sa flamme, c'est Jacques et Bernadette qu'il couvre d'éloges. Il déroule un panégyrique hallucinant de l'ancien maire de Paris, alors que le procès sur les emplois fictifs de la Ville doit s'ouvrir dans moins de trois semaines et qu'il est le maire en exercice. Le socialiste se dit certain, sous les yeux écarquillés de Jean-Pierre Lecoq, que Jacques Chirac laissera son empreinte dans l'histoire de la cité. Un maire de droite n'aurait sûrement pas osé aller jusque-là dans ces circonstances. Bernadette, l'ancienne reine de l'Hôtel de Ville, a droit aussi à son compliment. Les Chirac ont pourtant échappé de justesse à un autre procès pour des frais de bouche exorbitants à la mairie de Paris. Cette belle éloquence de Bertrand Delanoë est tout de même un peu vaine : Bernadette dort et Jacques a l'air ailleurs.

Après le vin d'honneur, organisé par la mairie de Paris, le petit cortège d'invités file au quai Branly, dans ce musée des Arts premiers voulu par Jacques Chirac. Il l'a inauguré en 2006 en présence de Kofi Annan, le secrétaire général de l'ONU, de son ami Abdou Diouf, ancien président du Sénégal, et du grand anthropologue Claude Lévi-Strauss. C'est là que la noce déjeune, au restaurant du musée, qui offre une magnifique vue panoramique sur la Seine et sur Paris. Le lieu a pour nom Les Ombres.

14

Comédie corrézienne

Brusquement, Bernadette Chirac se retourne et foudroie du regard son mari. Elle ressemble à un camée antique, avec son profil découpé, front bombé, nez Bourbon, l'air sévère. C'est Héra, l'épouse jalouse et vengeresse, qui défie Zeus et règne avec lui sur les cieux. Il a intérêt à filer doux, car c'est elle, désormais, qui détient la foudre. Ce duo éternel, universel, où couve une tragédie, dégage aussi une indéniable puissance comique.

Des dizaines de milliers d'internautes ont vu cette scène mythique, dont *Le Petit Journal* de Canal+ a fait son morceau de bravoure, le 11 juin 2009. Le rire s'est propagé jusqu'à l'étranger à travers la Toile. Dans le musée de Sarran, en Corrèze, la foule se presse et une partie de l'assistance doit rester debout, comme Bernadette qui s'apprête à prononcer un discours devant un pupitre. Maintenant, elle détient non seulement la foudre, mais le verbe, autre attribut du pouvoir – et le Verbe était Dieu. Après tout, pendant quarante ans, c'est elle qui a écouté parler son mari.

Assis derrière l'oratrice, Jacques Chirac et François Hollande, alors député et président du conseil général de Corrèze, attendent patiemment, quand arrive une élue socialiste du canton aux longs cheveux blonds, Sophie Dessus, que l'ancien président veut absolument faire asseoir à côté de lui. « Je resterai debout à vos côtés », plaide-t-elle. « Certainement pas ! Vous ne resterez pas debout. Apportez la chaise ! » demande-t-il à la cantonade. Agacée par ces mouvements qui créent du désordre, Bernadette se retourne et met fin à la récréation d'un mot lancé d'une voix métallique : « Bien. »

À ce stade, c'est déjà un moment culte. Le public du *Petit Journal* se tient les côtes et Yann Barthès, le présentateur de l'émission, en repasse, hilare, le meilleur extrait, avec ce commentaire : « Gaulé ! » Dans le dos de sa femme, Chirac ne cesse en effet de papoter joyeusement avec sa protégée et François Hollande a du mal à retenir un fou rire. « Vous savez, les femmes, il faut se méfier ! » chuchote (très fort) l'ancien président à l'élue aux cheveux blonds, en montrant Bernadette. Peu après, l'intéressée interrompt son discours et lui fait face, tel un bloc de réprobation muette. Moment de stupéfaction. Chirac, qui ressemble à un collégien pris en faute, fait naître une irrésistible sympathie. Dans le studio de Canal+, c'est l'éclat de rire général.

Eh oui, « il faut toujours se méfier des bonnes femmes ! » avait confié Bernadette Chirac elle-même à la journaliste Christine Clerc, dans *Elle*, le 17 septembre 1979. Elle venait d'obtenir le départ du tandem de conseillers de son mari, Marie-France Garaud et Pierre Juillet, les « diaboliques ». Dans *Conversation*, elle reniera « cette fameuse phrase », qui, dira-t-elle, « m'exaspère. D'abord parce que je la trouve vulgaire. Ensuite parce que c'est une chose que j'ai dite il y a presque vingt-cinq ans et que l'on n'arrête pas de ressortir. » Entretemps elle s'était réconciliée, il est vrai, avec Marie-France Garaud, dont une nièce avait épousé l'un de ses neveux, ou l'inverse. Et Pierre Juillet était mort depuis deux ans. Mais Chirac avait bien compris son message quand elle avait dit à l'époque : « Ces gens-là s'en iront. Ou bien c'est moi qui partirai. » Elle n'a jamais mis sa menace à exécution, bien qu'elle l'ait proférée à plusieurs reprises. Son mari n'était jamais là ? Les filles, « ça galopait » ? Elle a fini par l'accepter ou s'y résigner et par tirer le meilleur parti de son infortune.

Il serait imprudent de regarder cette saynète rendue immortelle par Internet et la télévision comme une illustration de la jalousie conjugale où le mari dragueur est pris en flagrant délit. C'est un spectacle, une représentation, qui permet l'identification : ces gens-là sont, pense-t-on, comme tout le monde. Chacun, selon son sexe, son milieu, son chemin, peut se retrouver en eux ou pense accéder à la vérité de leur histoire. Il n'y a pourtant rien de plus trompeur !

En fait, les Chirac connaissent très bien Sophie Dessus à titre professionnel, dans le cadre de la politique locale et pour des raisons privées. Cette étonnante personnalité, conseillère municipale d'Uzerche depuis 1995, est entrée au conseil général de Corrèze en 1998, dont François Hollande deviendra le président dix ans plus tard. Elle a accepté immédiatement la proposition de ce dernier : « Tu travailleras avec Mme Chirac. » Commence alors une coopération sans nuage entre les deux femmes sur les dossiers dont Sophie Dessus a la charge, la culture et l'aménagement du territoire. Les voilà affairées à organiser les expositions et le festival annuel du château de Sédières, une bâtisse des xve et xvie siècles construite sur un site médiéval, avec une cheminée Renaissance monumentale et un donjon classé, dans un parc de cent trente hectares. Il a été racheté par le conseil général au milieu des années 1960 et Bernadette y est très investie. Sophie Dessus a maintes occasions de se réjouir que les relations avec le Louvre, les Arts déco ou le musée du quai Branly soient aussi faciles grâce à son éminente collègue, qui fait venir dans le département des artistes réputés. Elle reste sourde aux critiques des socialistes locaux qui lui reprochent de trop bien s'entendre avec la première dame : c'est pour le bien du département. Qu'une usine menace de fermer, et les voilà toutes deux en train de recevoir les salariés, d'intercéder et de se battre pour que cette terre de Corrèze continue à vivre et à garder ses emplois.

À force de travailler avec cette femme timide et rude, à l'abri sous sa carapace, qui lui explique combien il est difficile de réussir en politique quand on n'est pas un homme, Sophie Dessus a fini par l'apprécier et la comprendre. Respectée, crainte, parfois détestée – surtout dans sa famille politique –,

Bernadette tombe pourtant des nues quand sa jeune partenaire lui confie : « Vous intimidez les collègues, vous leur faites peur. » Devant sa réaction, craignant de l'avoir vexée, Sophie Dessus lui écrit aussitôt un petit mot.

Les Chirac ont une autre raison de connaître cette élue de gauche accrochée à ses convictions. Elle est issue de la proche famille de Pierre Mazeaud, l'ancien président du Conseil constitutionnel, ami de Chirac. Elle a été élevée dans cette famille de droite très catholique, intellectuelle, où son grand-père, Henri Mazeaud, professeur de droit à Assas, jouait avec naturel les pater familias. Trois générations cohabitaient dans l'immense appartement de la rue Le Sueur, entre l'avenue Foch et l'avenue de la Grande-Armée, dans le 16e arrondissement de Paris. Chaque matin, l'austère juriste allait à la messe à Saint-Honoré d'Eylau, à jeun pour communier, puis rentrait petit-déjeuner avant de partir à la faculté.

Sophie était l'aînée des six cousins et la seule fille, toujours envoyée en mission par les garçons pour plaider une cause ou obtenir une permission. Quand les enfants avaient une bonne note à l'école, ils recevaient quelques sous. Une bonne note au catéchisme et ils obtenaient le double. La grand-mère, Marie, était une Beauvoir, cousine germaine de Simone, et c'est cet esprit de tolérance qui régnait dans la maison où il était toujours permis de discuter et d'argumenter. Une période bénie, merveilleuse, assombrie par la mort de la mère de Sophie, d'un cancer, quand cette dernière avait quinze ans.

Son enfance et son adolescence se sont passées au cœur de la bourgeoisie de robe, cette nouvelle noblesse d'État qui a façonné la société moderne. Sophie Dessus se marie pourtant à dix-neuf ans et part contre toute attente élever un troupeau de limousines en Corrèze. Elle aura quatre enfants. « Être au cul des vaches » n'est pas pour elle une expression de moquerie politique, ce sera sa réalité quotidienne pendant trente ans.

Quand la petite scène a eu lieu, au musée de Sarran, qui lui vaudra d'être arrêtée par des fans de Chirac dans la rue ou sur le quai du RER pendant des mois et même des années, Sophie Dessus s'est « sentie à la torture » vis-à-vis de Bernadette Chirac. Comment penser que cette séquence pouvait tourner à un tel vaudeville ? Quinze jours après la publication de la vidéo, au mois de juillet 2009, les deux femmes se rencontrent à nouveau, pour une inauguration. La conseillère générale voit l'ex-première dame descendre de voiture et prend les devants : « Bonjour, madame, je suis très ennuyée... » Mais Bernadette la coupe : « Je ne suis au courant de rien. » En grande dame très digne, pense Sophie Dessus. L'épouse de Jacques Chirac lui expliquera, bien plus tard, qu'elle a reçu d'innombrables coups de téléphone lui signalant ces images, dont certains sur le mode compassionnel : « Ma pauvre, encore une conquête de Chirac. » Bernadette en avait plus qu'assez de devoir expliquer à ses amies qu'elles faisaient fausse route et elle a dû en envoyer quelques-unes sur les roses.

Cet épisode n'a en rien altéré leurs relations. Sophie Dessus a été invitée en compagnie de collectionneurs et de François Hollande à Bity, à l'occasion d'une des innombrables expositions d'art chinois – en général d'une qualité exceptionnelle – organisées au musée du président. Les Chirac prennent alors place chacun à une extrémité de la longue table de couvent et dialoguent à voix forte en se voussoyant : c'est du théâtre. Après les agapes, Chirac dédicace le catalogue de l'exposition à sa chère Sophie, qui demande aussitôt à François Hollande d'en faire autant sur la page d'en face : « Comme ça j'aurai l'ancien président et le futur. » Les deux hommes rient de bon cœur. À droite d'un idéogramme en colonne, Chirac écrit, sous sa signature : « Pour Sophie, avec mon estime et mes hommages respectueux. Mais aussi bien affectueusement. » À gauche, c'est Hollande : « À Sophie, qui est capable de rassembler au-delà de toutes les lignes culturelles et politiques. Merci pour cette belle réussite. Amitié. »

En 2010, ils se voient tous les trois. Sophie Dessus demande à Chirac quels sont les secrets d'une bonne campagne présidentielle. Il explique ce qu'il faut faire et surtout ce qu'il ne faut pas faire. Il en a tout de même raté deux. François Hollande n'est pas encore investi par le processus des primaires, mais il écoute attentivement ses conseils, ceux d'un homme qui a trahi et l'a beaucoup été à son tour : « Ne pas s'entourer de trop de monde, mais d'amis fidèles. » Et cet autre mantra, bien chiraquien : « Ne citez jamais le nom de vos adversaires. »

Sophie Dessus a aussi eu tout le loisir d'observer Bernadette Chirac en campagne par temps de neige, de pluie, de froid – et Dieu sait que la Corrèze peut être rude – elle ne renonce jamais. Même « blessée et attristée » que son élection de mars 2011 au conseil général, la sixième, ait été annulée par le tribunal administratif pour une erreur de comptage, après un résultat ric-rac, elle se représente en septembre, à soixante-dix-huit ans. « J'en mourrais ! » s'écriera-t-elle en apprenant que la réforme territoriale menace de lui enlever son canton. Cela ne l'empêchera pas de se représenter, pour la septième fois, aux élections cantonales de mars 2015, dans la ville de Brive, comme suppléante, a-t-elle annoncé. Quand elle n'a pas le moral, cette combattante est obligée de constater : « La plupart de mes électeurs sont au cimetière. » À Sophie Dessus, qui a pris goût à la politique et incarne la relève, Bernadette ne cesse de dire : « Vous êtes la plus intelligente. Vous allez être ministre.

— Je n'ai pas le niveau, je suis trop indépendante et je me suis abstenue sur le cumul des mandats », lui répond Sophie, en ajoutant : « Vous savez, les ministres, quand je les vois dans la fosse aux lions, ça ne me fait pas envie. ».

Elle qui n'avait jamais pensé faire de politique a pourtant désiré la surplomber, cette fosse aux lions, en entrant dans l'hémicycle de l'Assemblée nationale. Après avoir bien réfléchi, compris que Bernard Combes, un fidèle de François Hollande qui lui avait succédé à la mairie de Tulle, au conseil général, puis à l'Assemblée, le suivrait aussi à l'Élysée, elle s'est armée de courage pour dire au nouveau président :

« Je voudrais me présenter dans la circonscription » – la première circonscription de Corrèze, celle de Jacques Chirac, puis de François Hollande, même si les redécoupages électoraux en ont quelque peu fait varier le territoire depuis 1967. Elle y sera élue dès le premier tour, elle la socialiste, car les chiraquiens ont voté pour elle, comme ils avaient voté pour Hollande. Aussi, lorsque Jacques Chirac prend position pour le candidat socialiste, plus d'un an avant la présidentielle, cet acte ne doit-il rien au hasard. La déclaration de Sarran va peser très lourd.

15

François

Il est bien loin le temps où le président du RPR, candidat malheureux au premier tour de la présidentielle de 1981, voyait arriver sans plaisir – mais sans crainte non plus – un jeune énarque à grandes lunettes, qui prétendait lui ravir sa circonscription de Haute-Corrèze. Mitterrand, fraîchement élu, avait dissous l'Assemblée nationale et pour les législatives qui s'ensuivirent, Paris avait expédié au casse-pipe le deloriste François Hollande, vingt-six ans, sans le soutenir outre mesure.

« Ta cause est désespérée. On n'a pas d'orateur national à t'envoyer », avait signifié sans détour le raide Paul Quilès, rue de Solférino. Le mentor de Hollande, Jacques Delors, lui-même originaire de Corrèze, après s'être fait beaucoup prier, avait promis de passer « à onze heures, après la messe », dans cette terre farouchement laïque, communiste, et maçonne.

Bref, le jeune candidat socialiste était bien seul. Personne n'osait contredire « Dieu » (ainsi parlait *Le Bébête Show*), qui avait remarqué son excellent résultat dans le département, au second tour de la présidentielle : « Nom de moi-même, 60 % ! » Mitterrand l'avait emporté en Corrèze, Chirac ayant décidé de faire battre Giscard – et sur ses terres, il avait mis du cœur à l'ouvrage. Avec un score aussi confortable, il eût été malséant, selon les règles non écrites de la politique, d'envoyer aux législatives un poids lourd qui aurait pu faire de l'ombre à Chirac. Le seigneur de Corrèze ne s'y était pas trompé, qui avait accordé au novice assez gonflé pour le défier juste l'attention nécessaire pour le griffer d'un bon mot : « Il est moins connu que le chien de Mitterrand », le labrador Baltique. Chirac ne fut même pas mis en ballottage.

« Je m'étais fixé comme référence ce résultat de 60 %, même si je n'étais que le labrador », fanfaronnera Hollande bien des années plus tard, en racontant son exploit à *Libération*. Ce n'était que le début d'une implantation corrézienne qui a fini par se mesurer en décennies. Après cette première tentative, le jeune conseiller municipal d'Ussel avait encore une abondante chevelure et pas mal d'aplomb : « Cette terre n'est la propriété de personne, pas plus de Jacques Chirac que d'aucun autre », affirmait-il en 1983 à la télévision. Mais tout de même, lui faisaient observer les journalistes, il avait été balancé sur un fief sans espoir... « Je m'y suis balancé moi-même et j'ai tout le temps devant moi », rétorquait le quasi-trentenaire.

Il gagne sa circonscription en 1988, la perd en 1993 et la regagne en 1997, au gré des fluctuations nationales, vague rose, vague bleue, dissolution. Cette première circonscription n'est pas tout à fait la même que celle de Chirac, la troisième, mais à la faveur des redécoupages électoraux, une bonne partie de ses cantons y figure, Bort-les-Orgues, Bugeat, Corrèze, Égletons, Eygurande, Lapleau, Meymac, Neuvic, Ussel, Uzerche... Quoi qu'on dise, ce sont des trophées chèrement acquis. Maire de Tulle, président du conseil général, conseiller régional, l'énarque parisien coche toutes les cases de la politique locale. Il creuse son canyon dans le granit du RPR comme du PCF et on le regarde maintenant d'un autre œil.

Si le premier secrétaire du PS ne se prive pas d'égratigner le gouvernement à Paris, à Tulle il coopère avec les Chirac. Chaque mois de janvier, quand le président conclut la série des vœux par une cérémonie spécialement destinée aux Corréziens, le maire est toujours là, à son côté. En 2006, François Hollande est même si troublé par les lapsus répétés du président qu'il les multiplie à son tour, en allant présenter ses bons souhaits pour l'année nouvelle aux socialistes locaux : il va même jusqu'à leur promettre de... « combattre la gauche et rassembler la droite » ! On ne saurait faire mieux. Et quand il évoque le candidat socialiste pour l'échéance de 2007, il prend soin de préciser : « Le ou la candidate, je prends toutes les préoccupations d'usage. » Sage... précaution. Il est alors obsédé par l'éventualité d'une candidature de Ségolène Royal à l'élection présidentielle.

Je suivais le premier secrétaire du PS dans la salle des fêtes de Laguenne, après les vœux corréziens de

Chirac, comme je l'avais fait presque chaque année durant le quinquennat. L'année suivante, en 2007, nous étions allés tirer les rois au hameau de Virevialle, dans le local de l'association Jeunesse et culture où François Hollande était entré, par hasard, à la fin d'un discours. « Il ne fallait pas m'applaudir comme ça ! » Il avait immédiatement mis les rieurs de son côté et les avait gardés. « Je viens d'un endroit [les vœux de Chirac à Tulle, donc] où je ne voulais rien goûter pour ne pas coûter au contribuable. On m'a dit qu'ici il y avait une bonne galette. » Avant de croquer dans sa part de gâteau à la frangipane, il avait fait semblant de soupirer : « Comme vous le savez, c'est la reine qui compte. » Mais c'est lui que le hasard avait désigné et il avait brandi la fève avec un sourire triomphant : « Les rois reprennent toujours le pouvoir ! Les reines c'est fini, ça ne dure qu'un temps ! » Tout le monde avait ri à nouveau et il s'était sauvé en précisant que le Père Noël était aux trente-cinq heures – qu'il ne fallait « pas remettre en cause ».

Nous rentrions après par la route jusqu'à Paris, un petit rituel qui présentait pour moi un double avantage : j'évitais le retour en Transall, ce gros avion militaire transformé en bétaillère qui laisse les oreilles vibrantes des heures après l'atterrissage et je papotais utilement avec le premier secrétaire. Tout en me parlant, il signait des montagnes de parapheurs empilés sur la banquette arrière, ou s'interrompait parfois pour répondre au téléphone. Avec Claude Allègre, dit « Vulcano », il faisait preuve d'une patience admirable. Évidemment nous parlions de Chirac, de cette fin de règne difficile, au terme d'une si longue carrière : « Chirac qui dit aux Corréziens : "J'éprouve beaucoup de joie" et qui lit pour dire ça ! Franchement, il y avait zéro émotion là-dedans », observait François Hollande, admirant toutefois l'animal politique, en particulier face à son adversaire de l'Intérieur, Nicolas Sarkozy. Le timing de l'élection présidentielle le faisait beaucoup réfléchir : « C'est curieux de voir comme les erreurs se répètent. Jospin s'est posé cette question de quitter le gouvernement pour faire campagne, puisque les Premiers ministres ont toujours échoué. Balladur avait fait la même erreur. Vous n'êtes pas libre quand vous êtes Premier ministre, je ne l'ai jamais été mais je vois bien comment les choses se passent. Vous n'avez pas l'esprit tout entier à la tâche ou à la campagne. » La question se posait aussi pour Nicolas Sarkozy, bien qu'il n'ait pas été à Matignon mais à l'Intérieur, tout de même numéro deux du gouvernement et ministre d'État, un titre qu'il avait exigé à son retour. Ses relations compliquées, stratégiques avec le vieux souverain captivaient Hollande. Fallait-il rester ministre ou partir ? « Chirac l'a parfaitement compris et c'est pour cela qu'il ne somme pas Sarko de quitter le gouvernement. Il le tient, il l'oblige, il le garde sous sa coupe. Et Sarko est moins libre de parole. Je suis certain que Chirac garde un ascendant psychologique fondé sur l'âge. »

François Hollande était tout aussi capable d'analyser Ségolène Royal, la mère de leurs quatre enfants, en pur phénomène politique : « Elle s'est mise sous un patronage céleste. C'est la Madone qui va protéger de Sarko, une sorte de figure sainte. Elle a trouvé son personnage. »

Bien que chargée de l'Élysée, je prisais ces incursions à gauche, surtout avec un analyste aussi doué et plein d'humour. Je pensais quelquefois que François Hollande n'avait pas seulement en commun avec Jacques Chirac d'avoir fait cette route de nuit en voiture.

En 2011, l'un termine sa vie politique et l'autre rêve à son tour du saint Graal élyséen. Ils ont cessé depuis longtemps de se combattre. Lorsque ce fameux jour de juin arrive, la déclaration de soutien de Jacques Chirac à François Hollande fait cependant un bruit considérable.

Mains dans les poches, sourire aux lèvres, l'ancien chef de l'État marche à pas saccadés derrière le président du conseil général. Sophie Dessus se trouve légèrement en retrait avec son petit imper rouge. La troupe s'en va inaugurer une exposition d'art chinois (encore) au musée de Sarran. Les conversations ne sont pas, à cet instant, enregistrées par une perche indiscrète, mais je sais que l'ancien président dégoise à loisir sur Nicolas Sarkozy. Il ne l'a jamais fait publiquement, mais en privé, c'est peu dire qu'il se lâche. La suite logique arrive, captée, elle, par le micro haut perché de BFM-TV : « Moi, j'ai beaucoup d'estime pour François... Maintenant je peux en parler, dit-il à son voisin de droite. Le passé, c'est le passé, mais lui, c'est l'avenir [il le répète], parce qu'il va être candidat. » Hollande s'arrête, légèrement inquiet de la tournure des événements et si amusé en même temps. Chirac en profite : « Il faut être candidat. Vous allez être candidat ? Pour la présidentielle... » Le premier secrétaire du PS sourit, très content et un peu gêné, ou le contraire, selon les moments. Chirac reprend, avec son interlocuteur à lunettes qui n'est autre que Stéphane Martin, le directeur du musée du quai Branly : « Je voterai pour lui, certainement. Sauf si Juppé est là, parce que j'aime bien Juppé. » Hollande glisse : « Oui, il fait du bon travail ! » Et l'ancien président poursuit son idée : « Mais comme il n'ira pas, par conséquent, je voterai pour vous ! »

Le nouvel adoubé, tout en riant, pointe alors son doigt vers le ciel, où la perche ne perd désormais pas une seconde de ce savoureux dialogue : « Vous allez vous faire entendre. » Il apparaît évident que Chirac s'en fiche et qu'il souhaite même être entendu. Il sort une main de sa poche et la tend vers l'avant pour appuyer son propos en déclarant d'une voix plus forte : « Je peux dire que je voterai Hollande. » Stéphane Martin pose une main sur l'avant-bras du président, comme pour le faire taire. C'est tout à fait inutile et quiconque a vu la scène n'a aucun doute : il a dit ce qu'il voulait dire – et nul ne saurait l'en empêcher. Un acte de liberté totale.

En un instant, François Hollande mesure les avantages et les inconvénients de la situation et choisit, comme souvent, d'en sourire : « C'est une plaisanterie ! C'est pour énerver ses amis. »

Pour être énervés, ils le sont. À gauche aussi. Chacun a bien compris, surtout Nicolas Sarkozy, que dans une élection aussi serrée qu'une présidentielle, le poids mis dans la balance par Jacques Chirac comptera. On est encore loin de l'élection, les primaires à gauche n'ont même pas eu lieu, mais personne ne pense que ces paroles se perdront dans l'indifférence. De fait, personne n'oubliera la déclaration de Sarran.

L'ancien président est très content de son coup. Un peu plus tard, il regarde avec ravissement et en boucle les chaînes d'information télévisées qui repassent ses petites phrases si précieuses pour le futur candidat de la gauche. Plusieurs chiraquiens connus, et sans doute pas mal d'anonymes, se rallient à Hollande au fil du temps.

Mais à Paris, c'est la panique. Frédéric Salat-Baroux rentre chez lui et regarde à son tour la télévision. Avec Claude, il voit ces images, écoute ces phrases et décide aussitôt d'appeler son beau-père : « Le truc ne tourne pas bien du tout. C'est une plaisanterie, n'est-ce pas, d'ailleurs Hollande le dit. Moi je ne le sens pas, ça ne va pas.

— Il n'y a que vous qui sentez cela », lui rétorque aussitôt Chirac.

Monsieur Gendre, qui ne veut pas se fâcher avec la droite, et qui a de nouveau de grandes espérances – il pense que son tour va repasser pour entrer au gouvernement –, ne dort pas de la nuit. On suppose que son épouse non plus. Le lendemain matin, un dimanche, il se saisit à nouveau de son téléphone et rappelle Chirac : « Ce n'est pas possible. Vous allez encoder quelque chose qui ne correspond pas à ce que vous pensez ! » Quand FSB lui-même me rapporte cette phrase, j'imagine Chirac entendant qu'il va « encoder » quelque chose qu'il ne pense pas et je ris toute seule. Le vocabulaire ridicule, la prétention à se mettre dans le cerveau de l'ancien président, tout m'égaye.

Salat-Baroux se montre « beaucoup plus insistant » que la veille au soir. Claude et lui ont rédigé un communiqué – Chirac a quitté l'Élysée depuis maintenant plus de quatre ans – pour tenter de démontrer que ce présidentiel soutien n'était autre qu'une saillie d'« humour corrézien ». Ce n'est évidemment pas le cas. Puis Salat-Baroux bat le tam-tam : il appelle les journalistes pour leur vendre cette abracadabrantesque histoire. Il rappelle une nouvelle fois son beau-père pour l'informer de la teneur du texte alors qu'il l'a déjà envoyé à l'AFP. De guerre lasse Chirac ne réagit pas, et à vrai dire, il sait bien que cela ne changera rien. Salat-Baroux, grand manitou de la pensée de Chirac – cela finit en pathétique pantomime. Bien entendu, il ne manque pas d'accuser la presse de « faire des constructions avec du rien ». Pourtant, en racontant l'histoire, *Le Point*, le journal de François Pinault, l'illustrera par une photo de Chirac passant affectueusement son bras autour de Hollande. C'est dire.

Tout en s'efforçant de n'en rien laisser paraître, Claude Chirac marchera sur les traces de son père pendant la campagne présidentielle de 2012. Elle a connu comme journaliste la compagne d'alors de François Hollande, Valérie Trierweiler, et déjeune à l'occasion avec elle. Lorsque celle-ci lui demande si elle peut faire état de leurs bonnes relations, Claude Chirac répond par SMS : « Chère Valérie, je ne souhaite pas que l'on puisse m'opposer à ma mère une fois encore. Comme tu le sais, j'en ai trop souffert par le passé. En revanche, tu peux parfaitement dire que nous nous sommes vues, toute l'amitié et l'admiration que j'ai pour toi. Et que je vous ai toujours témoigné, à toi et à François Hollande, mon amitié et mon soutien. » Un message clair, aux antipodes d'un fumeux « humour corrézien ».

Lorsque Bernadette Chirac lance à l'intention de François Hollande, à quelques semaines du scrutin, cette phrase destinée à contrebalancer le soutien de son mari : « Il n'a pas le gabarit d'un président de la République », Claude réagit aussitôt auprès de Valérie Trierweiler : « Frédéric et moi découvrons les déclarations faites par maman en Corrèze. Nous en sommes vraiment désolés, c'est si regrettable. Pour notre part, nous vous souhaitons à tous les deux toute la force et la chance du monde. » Une semaine plus tard, Bernadette rétropédale : « Oublions cela », ces paroles « trop fortes ». Mais cet affront lui sera difficilement pardonné.

Vis-à-vis de Chirac, François Hollande président ne se comportera pas en ingrat. Peu après l'élection, un élu demande en son nom s'il peut venir rendre une visite de courtoisie à son aîné, à Bity. La proposition est acceptée avec joie et ce rituel républicain dans un château a quelque chose de tellement... français. Ils ne se disent rien de si important, en présence de

Bernadette Chirac et de Frédéric Salat-Baroux, mais ils sont là, côte à côte, l'ancien et le nouveau, comme si l'un succédait à l'autre sans tenir compte du quinquennat de Nicolas Sarkozy. Ils se voient par sympathie mais surtout pour marquer tout ce que leur rencontre a de symbolique. Le nouveau président est arrivé à l'heure dite, il a traversé ce grand hall un peu solennel et il est venu s'asseoir près de l'ancien chef d'État. L'âtre de la majestueuse cheminée est éteint, les meubles anciens et les armures luisent, le mouton du sculpteur François-Xavier Lalanne monte la garde, parmi d'autres œuvres contemporaines. L'air de juillet incite aux conversations peu compromettantes, ils sont heureux d'être là et cela suffit.

Ce passage de témoin en privé sera réitéré en public, au musée du quai Branly, de façon voulue, ostensible, officielle. Le 21 novembre 2013, à huit jours de ses quatre-vingt-un ans, Jacques Chirac fait son entrée dans le grand amphithéâtre Claude-Lévi-Strauss, en glissant plus qu'il ne marche, appuyé sur l'épaule de Bernadette. Devant eux, le président en exercice, François Hollande. Plusieurs centaines de personnes se lèvent et retiennent leur souffle puis font une standing ovation à cet étrange cortège. Sur l'estrade, Claude Chirac, debout et émue, avec Alain Juppé et le docteur Denis Mukwege, à qui la fondation Chirac remet ce jour-là un prix pour son action auprès des femmes violées et mutilées en République démocratique du Congo. Dans les premiers rangs, la chiraquie – et même un peu plus – a répondu à l'appel : Christine Albanel, François Baroin, Jacques

Toubon, Roger Romani, Jacques Godfrain, Catherine Colonna, Xavier Darcos, Michèle Alliot-Marie, Michel Barnier... Et bien sûr François Pinault, l'ami du président.

Sur la scène, Claude prononce un petit discours bien enlevé, où elle remercie son père pour ses recommandations : « Fais court, n'oublie rien et essaie d'être à la hauteur. » Elle ironise gentiment : « Cela m'a été d'une grande aide et d'un grand réconfort, et je me présente devant vous avec une grande sérénité, vous l'imaginez. » Sa voix tremble un peu, mais elle est touchante et drôle. Dans son discours, elle mentionne sa mère qu'elle appelle tantôt « Mme Chirac », tantôt « Bernadette » ou même... « Bernie ».

Le discours de François Hollande ressemble à un vibrant hommage à l'action de Jacques Chirac. Bien sûr, il a déjà commencé à plonger dans les sondages et l'onction d'un vieux président qui n'a jamais été aussi populaire ne peut lui faire de mal. Il n'empêche. Il salue en revanche un peu sèchement Bernadette, la fervente sarkozyste, comme son « ancienne collègue au conseil général de Corrèze, mais c'est déjà loin ». Tous ses égards sont donc réservés à celui qui l'a précédé, en Corrèze et à l'Élysée. « Je tenais à être présent [...] d'abord pour vous saluer, vous, Jacques Chirac, pour saluer votre engagement pour des valeurs qui nous rassemblent tous. » Il reprend en héritage la lutte pour la diversité culturelle, le respect de toutes les civilisations, le combat contre les discriminations. Il cite le refus de la guerre en Irak.

« La maison brûlait et elle se consume encore. Nous ne devons pas détourner notre regard. La France organise la conférence sur le climat en 2015 et voudra en faire une réussite », ajoute François Hollande qui expose aussi les objectifs de sa politique africaine. C'est une scène inédite de République réconciliée. Les deux hommes se donnent une chaleureuse accolade et s'embrassent. Tout est dit.

16

Nicolas

La voix de Claude Chirac vibre de colère, en ce jour d'été 2013. Sa bonne éducation, son tempérament, son désir de discrétion lui interdisent d'élever le ton dans ce restaurant où nous déjeunons devant une fenêtre ouverte. Mais plus d'un an après l'élection présidentielle, l'écho de son indignation arrive à peine assourdi – tant elle fut vive. Elle a posé ses couverts et lance sa tirade d'un trait, comme sous la force d'une pression intérieure : « En 2012, après l'élection, Chirac a appelé Hollande et Sarkozy, évidemment. Sarko ne l'a pas pris au téléphone ! Je n'ai pas de hargne envers Nicolas Sarkozy, que j'ai très très bien connu. Il ne l'a pas pris, et il ne l'a pas rappelé. Peut-être quinze jours après, il a envoyé un petit mot qui était assez bien tourné, mais il ne l'a jamais rappelé. Je pense que ce sont des choses qui n'ont pas rendu service à Nicolas. »

Je vois une fille blessée, qui vit cet affront politique comme une offense personnelle. Donna Anna prenant fait et cause pour son père, le Commandeur, ne montrerait pas plus de flamme. En l'observant, me revient en mémoire cette phrase de Nicolas Sarkozy qui les connaît si bien l'un et l'autre : « Il n'y a aucun mystère dans leur relation. Il n'aime qu'elle. Elle n'aime que lui. Elle est sa fille et elle n'a pas le recul nécessaire. » Ce n'est pas si mal vu.

Cette mauvaise manière – refuser de prendre l'ancien président au téléphone, car Sarkozy ne lui pardonnait pas d'avoir soutenu François Hollande – m'en rappelait une autre. Jacques Chirac avait longtemps fait semblant de croire que tout allait pour le mieux avec son « ami de trente ans », Édouard Balladur. Il ne commença à admettre la rupture qu'au moment où « Édouard » ne le prit plus au téléphone. Ce fut pour lui le signe indubitable que la trahison était consommée. Le Premier ministre pensait qu'il pouvait gagner l'élection présidentielle et qu'il battrait le maire de Paris. Nicolas Sarkozy l'avait suivi dans ce défi.

Le téléphone, pour Chirac, n'est pas un outil pratique du quotidien : c'est une sorte d'instrument magique, le fil de la liberté et de la vie qui le relie au monde extérieur, qui l'extrait de l'isolement mortifère du pouvoir, ou de l'isolement tout court. Il pouvait passer des heures, le dimanche, entre deux relectures de discours, à appeler des collaborateurs, des amis, des relations, parmi lesquels Henri Proglio, PDG d'une des plus grosses entreprises du CAC 40 : « Henri, je ne vous dérange pas ? C'est pour un sujet qui va vous paraître ridicule... » Le président de la République pouvait rester vingt minutes au téléphone pour trouver du travail à un jeune chômeur qu'on lui avait recommandé : « Attendez, il est... cariste.

Combien il gagnait ? » Proglio l'entendait consulter sa fiche. « 600 euros. C'est possible ça ? C'est pas beaucoup. » Chirac a ainsi toujours beaucoup téléphoné, se préoccupant des uns et des autres, puissants ou subalternes. Il n'a jamais manqué de féliciter les vainqueurs et de consoler les vaincus. Mais il faut bien admettre que, cette fois, il n'était pas pour rien dans la défaite...

Avec ce refus de Nicolas Sarkozy de lui parler, l'Histoire semble se répéter, remonter le fleuve jusqu'à cette scène primitive de leur relation, celle d'une trahison familiale et intime, avant d'être politique. On ne peut rien comprendre aux liens entre les Chirac, père, mère, fille, et Nicolas Sarkozy si l'on ne voit pas qu'ils sont gouvernés par les passions. Pas une once de raison, pas un gramme de bon sens, pas une miette de sagesse, pas un soupçon de logique dans cette affaire, ni d'un côté ni de l'autre. Sauf peut-être chez Bernadette Chirac, et encore, pendant une période déterminée. Ce n'est que haine, trahison, vengeance, rivalité, coups bas et amour déçu.

« Je n'ai pas de hargne envers Nicolas Sarkozy, que j'ai très très bien connu... » Bien qu'elle m'ait autrefois affirmé le contraire[1], Claude Chirac me paraît assumer aujourd'hui la relation amoureuse qui l'a liée au plus politique des lieutenants de son père, à la fin des années 1980, lorsqu'ils préparaient ensemble la deuxième campagne présidentielle du maire de Paris. C'est entre ces deux hommes, pas les moins doués en la matière, qu'elle a fait ses premiers pas en politique.

---

1. *Le Rebelle et le Roi*, Albin Michel, 2004.

Et cela a rendu l'histoire plus compliquée encore. « Quand je pense que je l'ai vu en caleçon ! » ironisait Chirac à propos de ce jeune prétendant avide de réussite, qui avait séduit sa fille.

La guerre entre chiraquiens et balladuriens, entre 1993 et 1995, fut sanglante, sans merci. « Votre campagne a été ignoble ! Je n'oublierai rien des bassesses de vos amis ! s'écria Édouard Balladur après la défaite. Je ne vous demande qu'une chose. C'est de ne pas poursuivre de votre animosité mes amis et mes collaborateurs.

— Je vous donne ma parole, Édouard, vous me connaissez », avait répondu Chirac. « C'est parce que je vous connais que je ne vous crois pas. » Édouard Balladur ne se trompait guère. Le mot d'ordre de Jacques Chirac contre Nicolas Sarkozy fit le tour de la droite à la vitesse de la foudre : « Il faut lui marcher dessus, il ne comprend que cela et il paraît que cela porte bonheur. » Il n'y eut de pardon pour personne et surtout pas pour lui.

Cette phrase, Nicolas Sarkozy la recrache comme un venin, en 2007, peu avant les législatives du mois de juin, devant les barons de l'UMP et François Baroin, le premier des chiraquiens : « Tu t'en souviens, hein, toi, de cette phrase, tu t'en souviens ! » À douze ans de distance, sa rage à lui aussi est intacte. La scène est d'une violence terrible. Il vient pourtant d'être élu président de la République, son ego devrait être pansé.

Pour l'Histoire, pour l'image que devaient en garder les Français, il a raccompagné Jacques Chirac dans la cour, en souriant, après la passation de pouvoir. Le nouveau président et l'ancien ont descendu ensemble les quelques degrés du perron et ils marchent maintenant sur le tapis rouge posé sur le gravier, jusqu'à la voiture. Nicolas Sarkozy serre encore une fois la main de Jacques Chirac et, même, il applaudit lorsque le véhicule commence à rouler lentement vers les grilles de l'Élysée sous les acclamations du personnel du palais. Il ne commet pas l'erreur de François Hollande qui tournera les talons trop vite, pressé de clore le chapitre Sarkozy, donnant ainsi l'impression qu'il maltraitait la fonction et non un rival.

La réalité fut tout autre que ce respect affiché, assure Claude Chirac. « Sarkozy n'aura pas eu un seul geste d'élégance ni d'attention humaine envers Chirac. Il est venu le voir un jour, rue de Lille, mais c'était utile pour lui, accompagné de soixante-douze caméras. Quand je vois le soin que Chirac a pris de Mitterrand, ce qui est normal, bien entendu... Il l'appelait souvent. » Elle raconte que François Mitterrand avait laissé à Souzy-la-Briche, résidence présidentielle dans l'Essonne, à quarante kilomètres de Paris, quelques appareils médicaux que son état de santé rendait nécessaires. « Chirac lui a laissé Souzy le temps qu'il voulait, dont il avait besoin, naturellement. » Souzy, qui peut passer pour un petit château au milieu d'un parc de plusieurs hectares, abrita souvent la fille du président socialiste, Mazarine, et sa mère, Anne Pingeot. La fille aînée des Chirac, Laurence, y montait à cheval.

Toujours est-il, qu'après l'élection de Nicolas Sarkozy, aucun des proches de Jacques Chirac ne fut repris au gouvernement trois ans durant – c'était la réplique de l'élimination impitoyable des balladuriens en 1995. Et surtout, Frédéric Salat-Baroux se retrouva « sur le trottoir de l'Élysée, avec en tout et pour tout un téléphone portable. Je pense que c'est unique dans l'histoire des secrétaires généraux », relève Claude Chirac. Tous deux font un récit concordant de cette éviction : « Sarkozy était venu avant son élection dans le bureau de Frédéric pour lui dire : "Je veux que tu sois mon ministre des Affaires sociales." La chose est redite dans le bureau de Chirac. Et puis ça ne se fait pas. Sarko n'a même pas décroché son téléphone pour le lui dire lui-même. C'est tout de même d'un courage exceptionnel », rapporte Claude, comme s'il était évident que le nouveau président devait recaser son mari.

Dans la version de Frédéric Salat-Baroux, Nicolas Sarkozy le vouvoie et le complimente : « Je viens d'en parler au président [Chirac], en social vous êtes le meilleur, vous serez mon ministre des Affaires sociales. » Mais le contenu diffère peu : Salat-Baroux le prend pour un engagement. Et puis Claude Guéant, qui occupe désormais à l'Élysée ce beau bureau d'angle qui était le sien, refroidit brutalement ses ambitions : « Cela ne va pas marcher. » « FSB » réussit à bredouiller qu'il lui souhaite bonne chance pour la France et raccroche. L'échange a duré quinze secondes. Alain Minc, conseiller de l'ombre et visiteur du soir de Nicolas Sarkozy, assure que l'affaire était sur le point de se conclure. Mais pour finir

Xavier Bertrand sera casé aux Affaires sociales et Salat-Baroux... nulle part.

Le nouveau secrétaire général va le rappeler pourtant, de façon à habiller quelque peu cette élimination brutale. « Guéant m'a proposé Versailles. Que des choses qui ne m'intéressaient pas. C'est devenu très compliqué. Paris est petit et on était dans la sarkozie triomphante. Les gens se demandaient s'ils ne se mettraient pas Sarkozy à dos en me faisant travailler », assure Frédéric Salat-Baroux. Il est exact que certains de ses contacts professionnels subirent des pressions. Si bien qu'il finit par demander à l'entourage de Nicolas Sarkozy un « pacte de non-agression » lors d'un petit déjeuner avec Pierre Charon, comme ce dernier me l'a raconté.

Quant à Claude, le nouveau président lui propose par deux fois un poste qu'elle ne peut accepter bien qu'elle en ait maintes fois caressé l'idée : le consulat de France à Los Angeles. Elle a souvent séjourné aux États-Unis, en compagnie de Line Renaud, ou de son amie Michèle Laroque, et a même envisagé d'y vivre. « Sarkozy sait très bien ce qu'il fait. Il me connaît très très bien, il ne faut pas l'oublier. Il sait que c'est mon rêve. C'est un moment très difficile pour Frédéric, il se reconstruit. Alors je n'ai pas très bien accueilli cette proposition. Il me fait rappeler par Levitte [Jean-David Levitte, conseiller diplomatique de Nicolas Sarkozy], en août. Il doit penser que je suis calmée. Je suis d'ailleurs à Los Angeles à ce moment-là. En rentrant, je vais voir Levitte et je lui dis que je ne peux pas accepter. Ça s'ajoute à toutes les saloperies que Sarko ne cesse de dire sur Chirac et j'ai envie de garder ma liberté. Je n'ai pas envie d'être redevable. »

Frédéric Salat-Baroux, lui, a conçu de cette occasion manquée d'être ministre, de cette promesse non tenue, une rancune et une amertume si tenaces qu'il refuse, fin 2009, que le nouveau président soit convié à une manifestation de la fondation Chirac à la Sorbonne, en présence d'un public choisi. Nicolas Sarkozy l'apprend et s'invite. Comment refuser la présence d'un chef d'État ? À cette occasion, il se met à tutoyer à tort et à travers, de façon assez choquante, l'ancien président, en public, tout en paraissant l'accabler de compliments sur son action diplomatique passée. « On n'a pas toujours été d'accord, si j'en crois un livre paru récemment, dit aussi Nicolas Sarkozy. Mais je tenais à être là. » Il a été ulcéré de voir François Hollande, qui n'avait jamais été ministre, être qualifié d'« homme d'État » dans les *Mémoires* de Chirac, tandis que lui-même y est critiqué sans concession : planqué du service militaire, fervent supporter de la dissolution ratée de 1997, putschiste du RPR, opposant à l'union des droites, partisan de la guerre d'Irak... Quand Jacques Chirac ne l'accuse pas des fuites qui ont jeté Alain Juppé dans le maelström des affaires.

La peinture psychologique à laquelle l'ancien président se livre n'est guère plus flatteuse lorsqu'il décrit son ancien ministre comme « nerveux, impétueux, ne doutant de rien et surtout pas de lui-même ». En 2009, dans un documentaire diffusé sur France 5, *Jacques Chirac à visage découvert*, il répondait de façon humoristique mais cinglante au discours de Dakar, dans lequel Nicolas Sarkozy avait affirmé : « Le drame de l'Afrique, c'est que l'homme africain n'est pas assez entré dans l'Histoire. » Chirac le féru d'anthropologie, l'admirateur de toutes les civilisations, ne pouvait garder le silence malgré le devoir de réserve qu'il s'était imposé envers son successeur pendant une longue période. « J'entends dire ici ou là que l'homme africain ne serait pas entré dans l'Histoire. L'homme africain est entré dans l'Histoire. Il y est même entré le premier à ma connaissance et par conséquent on ne peut avoir à son égard que du respect. Le respect qu'on a pour un ancêtre commun. » Une gifle.

Il n'y a donc pas matière à s'étonner que Jacques Chirac décide, un peu moins d'un an avant la présidentielle, de soutenir François Hollande.

Ce jour de juin 2011, Nicolas Sarkozy est pourtant furieux, fou furieux. « Tu vois, ton Chirac, c'est un méchant », dit-il à un très proche de l'ancien président – et il le pense vraiment, bien que ses troupes aient ordre de prétendre dans les médias que Chirac n'a plus toute sa raison. Il sait très bien, lui, qu'il s'agit d'un acte délibéré. Nicolas Sarkozy l'assure depuis des années : « Contrairement à ce que tout le monde croit, Jacques Chirac est très intelligent et très méchant. »

Le président, qui sera bientôt candidat à sa propre succession, ne devrait pas être surpris de recevoir en pleine figure un boomerang qu'il lance et relance depuis quinze ans. Comment attendre un appui de la part d'un homme qu'il n'a cessé de moquer, de vilipender, d'attaquer, en France, à l'étranger, sur sa politique ou ses goûts personnels ?

Aucun précédent ne vient à l'esprit d'un tel comportement de la part d'un ministre envers le chef de l'État. Cela vaut d'être rappelé, sans même revenir sur le sumo ou le « roi fainéant ». Le 14 juillet 2005, Nicolas Sarkozy organise dans son ministère, place Beauvau, juste en face de l'Élysée, une garden party parallèle, et déclare aux journalistes : « Je n'ai pas vocation à démonter les serrures à Versailles pendant que la France gronde. » Il s'imagine déjà au pouvoir et compare Chirac à Louis XVI. À Washington, le 12 septembre 2006, alors qu'il rend visite à George W. Bush, le ministre critique l'« arrogance » et la « grandiloquence stérile » de la France pendant la guerre d'Irak. Et même s'il semble viser le discours de Dominique de Villepin à l'ONU, il veut atteindre le président. Quels sentiments obscurcissent à ce point son intelligence, pour qu'il ne voie pas qu'il s'abaisse lui-même, qu'il porte atteinte à la fonction présidentielle, à l'image de son pays ? Et rame à contre-courant d'une opinion qui n'a jamais autant soutenu son président que dans cette affaire irakienne ?

Toujours est-il que l'« humour corrézien », en ce mois de juin 2011, ne le fait pas rire du tout. Nicolas Sarkozy a immédiatement compris qu'il risquait de perdre l'élection présidentielle. Il ne sous-estime pas le pouvoir de nuisance de Jacques Chirac.

L'autre raison de son courroux trouve ses racines dans une question plus bassement matérielle. Le 7 septembre 2010, l'UMP a officiellement accepté de payer, comme nous l'avons vu, les trois quarts de la somme prévue par le protocole d'accord entre Jacques Chirac et la mairie de Paris : 1,7 million d'euros. Au total, l'indemnisation prévue entre les deux parties se monte à 2,2 millions. L'ancien président a réglé lui-même un tiers du remboursement, soit 500 000 euros, grâce au second tome des *Mémoires* dont Bernadette Chirac confiait avoir « absolument besoin » pour « payer la mairie de Paris ».

Ce million et demi d'euros bien pesé représente une somme colossale dont le débours va contribuer à affaiblir les finances du parti. L'UMP a déjà payé pour Alain Juppé, condamné en 2004. Dès lors, il n'est pas illogique aux yeux des Chirac qu'elle le fasse pour l'ancien président, d'autant que cette décision s'appuie sur l'ordonnance de renvoi de la juge : il y est précisé qu'à l'époque des faits Jacques Chirac était président du RPR et que les emplois fictifs servaient « ses intérêts ou ceux de son propre parti ».

Mais sans le poids politique de Nicolas Sarkozy, il n'est pas certain que l'UMP eût payé. Ou plutôt, ne doutons pas que s'il s'y était opposé, l'affaire ne se serait pas faite. Au contraire, devant les responsables de la majorité qu'il réunit à l'Élysée lors d'un petit déjeuner – ah, ce mélange des genres ! – Nicolas Sarkozy affirme : « Pour Chirac c'est notre devoir, votre devoir, de le faire. Dans une famille politique il faut savoir être solidaire. »

Sarkozy estime donc d'une certaine façon s'être acquitté d'une dette, d'avoir effacé son ardoise envers son prédécesseur... « C'est un vieil homme fatigué. Je l'ai aidé à obtenir le paiement de l'indemnité, je suis quitte. J'ai quand même fait en sorte qu'il ne soit pas ruiné ! » s'exclame-t-il. C'est une vision tout à fait particulière. Non, payer ne répare pas des insultes et tout ne s'achète pas : l'amour, l'affection, la dignité... par exemple. Mais enfin, dans l'esprit de Nicolas Sarkozy, cette transaction pouvait lui valoir le silence de Jacques Chirac, sinon son soutien.

D'une certaine façon, la réaction de Claude et de Bernadette Chirac va lui donner raison. L'une et l'autre jugent bon d'aller s'excuser à l'Élysée pour ce soutien de leur père et mari à François Hollande. « J'ai trouvé que c'était la moindre des choses d'aller voir Sarkozy, parce que c'était quand même raide », me raconte Claude Chirac. Frédéric Salat-Baroux, lui, a immédiatement téléphoné au nouveau secrétaire général de l'Élysée, Xavier Musca, pour tenter d'amortir la bombe. Il lui a annoncé qu'un communiqué allait être publié, réduisant ce soutien à une plaisanterie À cette époque, le mari de Claude Chirac a digéré sa frustration de 2007 et se remet à espérer une entrée dans un gouvernement. Il a toujours dans l'idée de faire de la politique et veut ménager le roi – tout en soutenant, en sous-main, comme son épouse, François Hollande et sa compagne de l'époque, Valérie Trierweiler

Bernadette Chirac, pour sa part, n'éprouve aucune difficulté à aller regretter les paroles de son mari devant le président. Elle est venue, déjà, le prier de l'aider à régler la note de la mairie de Paris et l'ancienne première dame a cette reconnaissance-là. En fine politique, elle a œuvré pour favoriser le retour de Nicolas Sarkozy après son bannissement. Son soutien ne s'est jamais démenti. Au moins, pense-t-elle, lui est-il vraiment de droite – même s'il joue une habile ouverture en 2007 qui offrira sur un plateau à Marine Le Pen l'« UMPS ».

La femme de Jacques Chirac s'était aussi persuadée que le président pouvait protéger son mari du tribunal. C'était une illusion, que personne ne parvenait à dissiper à ses yeux. Elle se fondait sans doute sur l'expérience, pour croire à une justice aux ordres. Bernadette Chirac fait donc plus que ménager Nicolas Sarkozy : même battu en 2012, il demeure son champion. L'octogénaire reste la première groupie des meetings du revenant Sarkozy, qui sera candidat en 2017 si aucun obstacle judiciaire ne l'en empêche. Une autre raison s'est ajoutée à cette ferveur non démentie : si cela agace tant son mari, pourquoi se priver d'un tel plaisir ? La sarkomania de Bernadette lui permet aussi de rester sur scène, alors que Jacques Chirac ne prendra plus jamais la parole en public. Quand l'affirmation de soi arrive si tard, quand l'ombre d'un homme a pesé, la vie durant ou presque, le mouvement de libération excède le poids de la servitude.

La double prosternation de la mère et de la fille à l'Élysée, en ce mois de juin 2011, ulcère en tout cas les proches amis de Jacques Chirac. Non pas les politiques qui comprennent cet étrange ballet pour s'y livrer eux-mêmes de manière féodale, mais les seigneurs de la guerre économique, ceux qui ont bâti un empire et construit leur indépendance : « Mais quel besoin avaient-elles d'aller faire une génuflexion ! » se sont-ils écriés en chœur.

Nicolas Sarkozy lui-même a fini par admettre publiquement qu'il était allé trop loin contre son prédécesseur. Le 15 octobre 2014, à Saint-Cyr-sur-Loire, il s'est livré à ce stupéfiant panégyrique : « Avec Jacques Chirac, dans le passé, je n'ai pas toujours été discipliné et sage. [...] Quand [il] m'a fait l'honneur de m'appeler au gouvernement, quels que fussent par ailleurs nos désaccords, j'ai répondu oui parce que ça restera l'honneur de ma vie que d'avoir été dans des gouvernements pour servir mon pays avec Jacques Chirac comme président de la République. » Osé.

17

Le bulletin fatal

Une haute silhouette s'engage à pas comptés sous le porche du 108, rue du Bac, à Paris, naguère l'adresse d'un couple de légende, Romain Gary et Jean Seberg. Nous sommes le 6 juillet 2011. Un mois environ s'est écoulé depuis la déclaration de Sarran. Jacques Chirac a précédé tout le monde pour soutenir François Hollande...

Ce jour-là, il se rend chez son cardiologue, le professeur Yves Grosgogeat, président de la Société française de cardiologie et membre de l'Académie royale de médecine de Belgique. Mais c'est Olivier Lyon-Caen, chef du service de neurologie à la Pitié-Salpêtrière, qui va examiner l'ancien président, au cabinet de son confrère.

Paré d'un éternel nœud papillon, gros fumeur, fils d'une famille de grands juristes, le professeur Lyon-Caen pourrait passer pour l'un de ces mandarins satisfaits qui ont barre sur les puissants – puisqu'ils soignent leurs maux. Ce serait caricaturer ce médecin hospitalier, travailleur acharné, attaché au service public et à la solidarité. Pour autant, il affiche tous les signes du médecin mondain et médiatique : ce proche de la nomenklatura socialiste, qui anime alors une émission médicale d'une heure tous les mardis sur France Culture – il en consacrera deux à l'AVC –, a été un conseiller de Lionel Jospin à Matignon et il deviendra celui de François Hollande à l'Élysée. Médecin de Premier ministre, puis de président, l'homme a tout pour plaire à Bernadette Chirac, même si elle ne peut deviner à ce moment son avenir élyséen. C'est aussi l'un des meilleurs dans son domaine et son expertise sera incontestée.

La présidente de la fondation Hôpitaux de Paris-Hôpitaux de France, qui connaît le Tout-Paris de la médecine, a donc demandé à ces deux confrères de recevoir son mari. Ce dernier a déjà subi des examens approfondis, à l'exclusion des IRM, interdites depuis la pose d'un pacemaker, en 2008. Il est très bien suivi et d'autant plus attentivement depuis son AVC de 2005. Son épouse a aussi invité Marie-Germaine Bousser, qui avait examiné plusieurs fois Chirac au Val-de-Grâce, à venir le voir quai Voltaire, dans l'appartement privé prêté par les Hariri après l'Élysée. Le professeur Bousser a compris que lorsque Bernadette appelle, il faut être là, ou rappeler très vite, même si elle dit courtoisement : « Cela me ferait plaisir que vous fassiez le point avec mon mari. » Lorsqu'elle voit Jacques Chirac, la scientifique lui raconte qu'elle est allée à un congrès de neurologie en Chine et la conversation s'oriente vers les bronzes archaïques chinois. Le « malade » est intarissable et fait preuve d'une érudition qui bluffe même cette connaisseuse.

Mais à présent, Bernadette Chirac a besoin d'un certificat médical qui constatera de façon officielle les troubles dont il est atteint.

Les deux médecins n'ignorent en fait pas grand-chose de son état, puisqu'une consœur neuropsychologue lui a déjà fait passer une batterie de tests à l'Institut de la mémoire et de la maladie d'Alzheimer de la Salpêtrière, le 23 juin. C'est-à-dire trois jours après l'annonce de la date de reprise du procès (en septembre) et quinze jours à peine après sa déclaration en faveur de François Hollande. L'expérience de cette praticienne, dans le domaine des troubles cognitifs est jugée incontestable par le professeur Lyon-Caen. Elle décèle des troubles de la mémoire et du raisonnement, une désinhibition du comportement, et la fameuse anosognosie – le fait d'ignorer que l'on est malade. « Anosognosie », c'est ce mot grec et baroque que les Français découvriront quelques mois plus tard sans parvenir à le prononcer ni bien comprendre de quel mal souffre en réalité leur ancien président. Celui-ci ne sait donc pas qu'il est malade, mais de quoi souffre-t-il exactement ?

Les deux professeurs, scanner à l'appui transmis par la famille, ont observé les séquelles de l'infarctus cérébral de 2005, qui, surtout, a été suivi par d'autres accidents similaires. Jacques Chirac a fait plusieurs AVC et des anomalies cérébrales et vasculaires en ont résulté qui ne peuvent s'arranger avec le temps. Les circuits de la mémoire ont été, eux aussi, endommagés, engendrant des confusions chronologiques plus ou moins graves, une sorte de mémoire à éclipses. Devant les médecins, l'ancien président garde le caractère jovial qu'on lui a toujours connu : sa nature l'y pousse et aussi une forme d'autoprotection et de courtoisie – ne disait-on pas naguère : « il est poli d'être gai » ? Mais il laisse aussi percer à plusieurs reprises une irritation que les médecins jugent immotivée. Il ne se souvient pas spontanément qu'il a passé des tests peu de temps auparavant, mais se les rappelle sitôt qu'on lui en précise les circonstances. Il n'est pas conscient de ses difficultés de mémoire et considère que les réponses qu'il a fournies conviennent tout à fait.

Cela ne veut pas dire que Jacques Chirac a sombré *ad vitam* dans un profond brouillard. Ni qu'il ne sait plus ce qu'il dit, comme d'aucuns voudraient le faire croire. Et son anosognosie ne l'empêche pas de ressentir, intuitivement, la réalité de son état – ses visiteurs les plus intimes et les plus fréquents en témoignent.

Pressé par son épouse, Chirac s'est donc plié à cette nouvelle visite médicale et Claude, présence rassurante et familière, l'a accompagné pour ce rendez-vous d'une heure. Sans cesse, il se tourne vers elle et quête son aide car elle lui est devenue indispensable, jusqu'à la dépendance. À un point dont il ne paraît pas conscient. Il fournit aux questions du médecin des réponses assez vagues, où les mois et les années s'emmêlent, où le temps devient flou. Comme tout cela doit l'ennuyer... Il a dirigé un grand pays pendant douze ans, tutoyant les maîtres du monde, et le voilà contraint de se soumettre sans cesse à des examens, de répondre à des questions dont il ne perçoit pas l'utilité. Comment exclure que quelque chose en lui se révolte ? C'est un vieux monsieur fragile, malade, dans lequel sommeille encore le grand Chirac. Le beau mec, le séducteur, le gentil, le cruel, l'ambitieux, le modeste, le père trop absent et trop présent, le fou et le sage. L'unique Chirac. C'est peut-être absurde à dire, mais aucune maladie ne peut tuer cela, au fond. D'une si forte personnalité, quelque chose demeure, insubmersible, irréfragable.

Mais voilà, la messe est dite. De toute façon, il s'agit pour son entourage d'éviter un procès à tout prix. Bernadette Chirac reçoit en mains propres, le 8 juillet 2011, de son auteur, le professeur Olivier Lyon-Caen, le certificat médical, nécessaire au juge pour prendre une décision qui aille dans le sens espéré. Un rapport de quatre pages denses, tristes, truffées de termes médicaux, où transparaît quand même la vérité d'un homme.

Ainsi, il n'y aura plus de soutien politique officiel à qui que ce soit – pense-t-on ! Aucun tribunal ne fera comparaître un prévenu dont les capacités sont à ce point diminuées, même pour lire un papier d'autojustification, en quelques minutes. Alors que le second tome des *Mémoires* est paru un mois auparavant, il n'est plus question que Chirac en assure la promotion. Il s'agit de paraître cohérent. Comment dire au président du tribunal : « Je ne me souviens de rien » et vendre un livre de souvenirs ?

Que pense Bernadette Chirac en prenant le document du professeur Lyon-Caen ? Le retournement tragique du sort ne peut lui avoir échappé. Est-elle submergée de tristesse de lire noir sur blanc la preuve de la déchéance de son mari ? Soulagée de se dire qu'aucun tribunal ne le fera désormais plus comparaître ? Ou pense-t-elle secrètement à la femme du professeur, Jacqueline Chabridon, qui, ironie de l'histoire, a été le grand amour de son mari ?

Tous les vieux compagnons de Chirac ont soupiré en voyant qui allait signifier officiellement au monde que les souvenirs de l'ancien chef de l'État s'effaçaient. Au-delà des motifs professionnels incontestables qu'il y avait à choisir Olivier Lyon-Caen comme expert, ils n'ont pas pu s'empêcher de penser qu'il y avait là une forme de vengeance, réelle ou présumée, de Bernadette.

Jacqueline Chabridon, qui a épousé le médecin en troisièmes noces, après avoir été la femme de Charles Hernu, a travaillé dans les médias, puis s'est mise au service des relations publiques de grandes entreprises publiques et privées, le Crédit lyonnais, Air France, la RATP, le groupe Barrière. Elle a même assuré la communication politique de Michel Rocard à Matignon, un vieux copain de Chirac depuis Sciences Po et l'ENA. Quand elle fait la connaissance de Jacques Chirac, celui-ci est Premier ministre et elle journaliste politique au *Figaro*. Leur histoire est folle, passionnelle. Ils tombent amoureux à se damner. Jacqueline est une très jolie jeune femme de trente-quatre ans, issue d'une famille modeste de l'Allier et militante de gauche.

Chirac n'a jamais été très discret avec ses conquêtes. Il appelait ainsi sur son poste téléphonique une journaliste de l'AFP et se présentait avec cette voix si caractéristique : « C'est monsieur Nicolas » (ou « monsieur Thomas »), s'il avait la malchance de ne pas tomber directement sur elle. Mais avec Jacqueline Chabridon, c'est pire. Il lui sourit sans cesse pendant les voyages officiels et lui adresse même un jour un officier de sécurité avec ce message : « M. le Premier ministre voudrait vous voir de très près. » Pour lui, elle quitte son mari et le couple clandestin prend même un appartement commun. Le hussard se fait romantique, il écrit des lettres, des poèmes. Il ne peut divorcer mais rêve de faire de cette femme qu'il aime son attachée de presse pour la campagne présidentielle de... 1981, six ans plus tard ! Tout le milieu politique de l'époque est au courant de sa liaison – comment Bernadette pourrait-elle l'ignorer ?

La ministre de la Santé, Simone Veil, prend la jeune femme à part dans un avion, pendant un voyage, pour l'avertir : « Vous savez, il ne divorcera pas de Bernadette. Elle le tient bien. Et il ne vous épousera pas, vous êtes sa petite pauvre. » Cruel, et vrai. C'est un redoutable duo, composé de Charles Pasqua et Marie-France Garaud, qui va se charger de mettre fin à cette relation jugée dangereuse pour la carrière de Jacques Chirac. Garaud va voir elle-même Jacqueline, pour lui dire dans les yeux : « Il faut immédiatement arrêter cette histoire. Vous mettez en danger sa candidature présidentielle. Je vous le demande au nom de la France. » Bigre... Des Corses du RPR – mais jamais Pasqua lui-même – vont jusqu'à laisser entendre à la journaliste que des menaces pèsent sur sa vie. L'amoureux, lui, ne dit rien. Mais un soir, quand Jacqueline rentre, les lettres, les mots d'amour qu'il lui a adressés ont disparu, emportés par la raison d'État.

Pour tenter de guérir, elle inspirera un livre, signé par Huguette Debaisieux, *Nous nous aimerons jusqu'aux présidentielles*, roman à clefs assez transparent où Jacques Chirac s'appelle Fabien Cordier. Après leur rupture, il l'aidera, sans la revoir semble-t-il, lorsqu'elle rencontrera des difficultés et il se manifestera de loin en loin, par des signes discrets. Ainsi, quand elle est décorée des années plus tard de la Légion d'honneur, Jacqueline Chabridon reçoit un mot gentil de François Pinault, qu'elle n'a pourtant jamais vu. À un dirigeant du PS qu'elle connaît, l'homme d'affaires confie : « Je pense qu'elle a été sa plus grande histoire d'amour. »

18

Le reclus

A-t-on jamais vu plus cruel que cette lettre signée de la main de Jacques Chirac et envoyée au président de la 11ᵉ chambre correctionnelle du tribunal de grande instance de Paris, Dominique Pauthe ? Voici ce qu'il lui fait parvenir, le 2 septembre 2011, trois mois après avoir soutenu François Hollande, deux mois après avoir passé ses examens médicaux. Un texte qui le condamne à l'enfermement et à la disparition sociale : « Monsieur le président, j'ai demandé à mes avocats de vous transmettre le rapport médical du professeur Olivier Lyon-Caen ainsi que le dossier qui l'accompagne. Chacun comprendra que cette démarche m'est particulièrement pénible, a fortiori sachant qu'elle deviendra publique. Si je n'ai plus l'entière capacité de participer à son déroulement, je veux vous dire que ma volonté d'assumer ce procès demeure totale. Je crois en effet ce procès utile à notre démocratie car il montre que tous les Français sont égaux devant la justice. C'est un des principes qui fondent notre pacte républicain auquel j'ai toujours été et je reste attaché. C'est pourquoi j'ai demandé à mes avocats de me représenter et de porter ma voix durant les audiences, même si je ne pense pas pouvoir être en situation de leur apporter mon concours. »

« Porter ma voix... » Quelle drôle d'expression. On croirait lire « porter ma croix ». Cette lettre était déjà prête au mois de mars – hormis les premières lignes sur le rapport médical – au moment où survient le coup de théâtre de la question prioritaire de constitutionnalité (QPC), qui oblige à reporter le procès. Car le débat fait rage depuis longtemps dans l'entourage de Jacques Chirac pour savoir s'il doit comparaître ou non.

Au cas où il assisterait à son procès, Claude Chirac et sa mère craignent qu'il ne se mette à parler de façon inconsidérée, qu'il « balance » à tout-va. Claude et Bernadette Chirac redoutent également, s'il se contentait de lire un petit discours soigneusement rédigé, que son image ne soit à jamais écornée du simple fait de sa présence devant un tribunal correctionnel – une première historique pour un président. Mais s'il réussit à être absent de cette salle où fut jugée Marie-Antoinette, il encourt le reproche de s'être dérobé à la justice comme il l'a fait pendant si longtemps. Le jour où il a paru certain qu'il n'irait pas à la barre, sa cote de popularité a d'ailleurs chuté brutalement.

Maître Kiejman lui-même avait joué avec l'hypothèse d'une QPC pour retarder encore l'échéance, voire faire avorter le procès. « Éric, ne te casse pas la tête avec ma mauvaise idée de QPC », a-t-il écrit finalement à maître Éric Dezeuze, un avocat de l'équipe Chirac. Cette « mauvaise idée », maître Jean-Yves Le Borgne la fait sienne au profit de son client, Rémy Chardon, ancien chef de cabinet de Jacques Chirac à la mairie de Paris. Mais si l'on ose suggérer que les travaux de Kiejman l'y ont aidé, l'entourage de Chirac se récrie : « Nous ne sommes pour rien dans cette QPC ! La veille au soir on ne savait rien ! » Pour un peu on croirait qu'ils ont appris la nouvelle dans les journaux...

Jacques Chirac aurait été gonflé à bloc en mars et prêt à venir lire une courte déclaration, mais totalement abattu en septembre par le report de l'audience, incapable de se présenter et de prononcer trois mots ? Peut-être. Mais tant de gens autour de lui ont pris l'habitude de penser et d'agir à sa place. Qui saura jamais ce qu'il voulait vraiment ?

Quoi qu'il en soit, cette lettre au président du tribunal l'enferme davantage encore que le silence qu'il s'est imposé et prend une dimension tragique. Elle nie sa conscience, sa volonté, sa personne. Elle le réduit à sa maladie. En la signant, il a consenti à sa mise en prison symbolique – une prison sans murs, sans mots. Désormais, toute parole publique devenue suspecte pourra être aisément discréditée. Et toute apparition publique sera proscrite. Est-ce cela vivre ?

Il faudra attendre l'exceptionnelle cérémonie du musée du quai Branly, en novembre 2013, pour le revoir, deux ans après, puis sa prise de position en faveur d'Alain Juppé, en octobre 2014, pour avoir la confirmation qu'il est resté lucide sur ce qui lui tient le plus à cœur.

Tout eût sans doute été moins difficile sans l'immense peur qu'avait Bernadette Chirac de ce procès, sans l'obsession de Claude et Frédéric Salat-Baroux, préoccupés de la trace que leur père et beau-père allait laisser dans l'Histoire. Bien sûr la maladie est là, réelle, qui réduit la mémoire, la motricité, l'attention. Mais il est encore vivant, que diable !

Au moins Bernadette Chirac est-elle cohérente lorsque tombe le verdict, le 15 décembre 2011 : deux ans de prison avec sursis pour « abus de confiance », « détournement de fonds publics » et « prise illégale d'intérêts ». Elle décide très vite de ne pas faire appel – après avoir demandé son avis à Nicolas Sarkozy. Tout cela a trop traîné, elle ne veut pas risquer une aggravation de la peine, toujours possible, et son mari est officiellement déclaré malade. Faire appel n'aurait aucun sens, sinon celui d'un inutile acharnement.

Georges Kiejman et Jean Veil préconisent de s'en tenir là. Seul Frédéric Salat-Baroux, toujours à contretemps, pense qu'il faut poursuivre la procédure.

Comme si la disparition programmée de l'ancien président ne suffisait pas, c'est bientôt le citoyen qui va être effacé à son tour. Il ne faut pas déplaire davantage à Nicolas Sarkozy, dont la réélection s'annonce incertaine. Le scrutin approche et Chirac ne manque pas de répéter à ses visiteurs qu'il votera Hollande. Plus Bernadette court les meetings avec son champion, plus Chirac défend le sien. C'est une sorte de provocation mutuelle et permanente, doublée chez Chirac d'une aversion grandissante à l'égard de Sarkozy, dont la campagne se caractérise par un flirt poussé avec le Front national. L'ancien président n'a rien pardonné à son successeur : « Personne n'a dit autant de mal de moi que Sarkozy, personne, vous m'entendez ? » s'est-il écrié devant l'un de ses visiteurs réguliers. L'expression « roi fainéant » pour désigner un homme qui n'a jamais eu un dimanche à lui, ah non, ce n'est pas passé ! Nicolas Sarkozy voulait ainsi stigmatiser un certain immobilisme politique – était-ce si mérité ? –, mais de là à manier ainsi l'injure publique... Le propos est irréparable.

Bernadette Chirac décide, avec sa fille, que son mari votera par procuration. En réalité, cette décision paraît inévitable après la lettre au président Pauthe. Chirac serait trop malade pour être présent quelques heures dans une cour, mais capable d'aller voter en Corrèze ? La vérité est que les deux femmes ne veulent surtout prendre aucun risque devant les micros qui ne manqueront pas de se tendre à la sortie du bureau de vote, où il accomplit son devoir électoral depuis plus de quarante ans. À Sarran, ce 22 avril 2012, la première sarkozyste du pays va donc voter seule. La question surgit, à peine est-elle sortie de l'isoloir, sur la « déclaration de Sarran ». L'ex-première dame répond sans se démonter : « C'était regrettable. C'était une maladresse. Mon mari a regretté par la suite. »

En réalité il a si peu de regrets qu'il a confirmé son choix lors d'un déjeuner au quai d'Orsay avec Alain Juppé, François Baroin et son ancienne porte-parole, Catherine Colonna. Il l'a dit à plusieurs reprises à Christian Jacob, le président du groupe UMP à l'Assemblée nationale. Il l'a répété à son proche compagnon, Jean-Louis Debré, le président du Conseil constitutionnel. Thierry Rey, le père de son petit-fils Martin, est apparu à un meeting du candidat socialiste – dont il deviendra même conseiller pour les sports à l'Élysée sous Hollande. Hugues Renson, son collaborateur politique de la rue de Lille, plusieurs de ses anciens ministres, Jean-Jacques Aillagon, Corinne Lepage, Brigitte Girardin et Azouz Begag, son biographe Jean-Luc Barré, puis un autre chiraquien proclamé, Patrick Sébastien, ont tous annoncé leur ralliement à François Hollande.

Un petit air de déjà-vu flotte sur cette campagne, rappelant le soutien de François Mitterrand à Jacques Chirac, tandis que Lionel Jospin enrageait de voir des socialistes apporter leur voix à l'ancien président du RPR. Chirac a fait élire Mitterrand et battre Giscard. Mitterrand a fait élire Chirac et battre Balladur. Chirac a fait élire Hollande et battre Sarkozy. Et désormais Chirac veut faire élire Juppé et battre Sarkozy à nouveau. *Bis repetita placent.*

Ainsi va l'histoire des vieux présidents, usant du seul pouvoir qu'il leur reste, le pouvoir de nuisance, contre l'homme qui, dans leur camp, a voulu être roi à leur place.

Nicolas Sarkozy tente, deux jours avant le scrutin, de disqualifier tous ceux qui ont décidé de suivre le chef historique. À Nice, lors de son dernier meeting, il prend à témoin Bernadette : « Par votre présence, vous faites taire les mensonges et les menteurs ; par votre présence, c'est toute la famille qui est réunie. » Mais qui ment ici ? Et quelle famille ? Bernadette, qui se vante d'avoir glissé dans l'urne un vote contraire à la procuration qui lui avait été confiée, clame dans les dîners en ville : « Dans ma famille, ils ont tous voté Hollande, sauf Jacques, mais il ne le sait pas. »

Les relations se sont dégradées entre les deux époux, au point d'inclure une certaine violence verbale. L'été de l'année 2012 sera le dernier qu'ils passent dans les deux propriétés des Pinault à Saint-Tropez ou à Dinard. Cela ne les empêchera pas de revenir pour de courtes vacances à la Toussaint ou à Pâques, ou de continuer à fréquenter leur château de la Mormaire, à la sortie de Grosrouvre, dans les Yvelines. Un bijou du XVIIe, en brique rose et pierre blanche, avec de multiples fenêtres, dans un parc arboré de cent cinquante hectares. Mais l'été, lorsque la villa de Saint-Tropez est pleine, les disputes avec Bernadette deviennent par trop voyantes. Des phrases assassines franchissent la « barrière de ses dents » comme disaient les Grecs de l'Antiquité, quand il n'est pas à deux doigts de lui lancer son verre à la figure. À Dinard, le couple n'habite plus chez les Pinault mais loge dans un hôtel voisin. Chirac reste là, debout, les mains dans les poches, le plus souvent. Il ne fait rien, il n'a envie de rien. Il ne lit pas, ne regarde même plus la télévision. Il déprime à nouveau, tel un roi sans divertissement. Pendant l'été en Corrèze, il restera même plusieurs jours au lit, cessant de s'alimenter en signe de protestation.

À la biennale de Venise, où son ami Pinault convie immanquablement l'ancien président, Maryvonne, l'épouse de l'homme d'affaires, demande à chacun d'aller converser quelques minutes avec lui. Un ancien ministre qui a pour Chirac de l'affection, se plie volontiers à cette petite courtoisie : « Au bout d'un moment il m'appelait Bernard et j'ai compris qu'il me confondait avec Bernard de Montferrand [un diplomate, ancien ambassadeur de France au Japon]. Et il disait sans cesse : "Bernadette, quand est-ce que nous rentrons ?" »

L'automne à Paris est affreux. Chirac commence à faire des remarques à haute et intelligible voix. Une « réconciliation » a été organisée entre Bernard Arnault et François Pinault lors d'un fameux concert à Marigny. Lors du dîner qui suit, Chirac demande assez fort pour que tout le monde l'entende, à propos de l'ambassadrice de Jordanie : « Tu as vu ses seins ? » Il se met à donner des surnoms terribles – avec un don certain ! – à tous ceux qu'il n'aime pas. La chiraquie du premier cercle l'a toujours fait, avec cet humour viril, pas toujours raffiné mais assez drôle, qui la caractérisait. Bernadette la mondaine est hors d'elle : « Ce type-là a gâché ma vie », se plaint-elle à qui veut l'entendre. Elle voudrait, dit-on, le voir enfermé derrière de hauts murs et cherchera un temps une institution spécialisée pour caser son mari. Au point que les conseillers encore présents rue de Lille se révolteront : « Si vous voulez le tuer plus vite, il n'y a que cela à faire » Ils savent tous que son bureau, les visites, les coups de fil le maintiennent en vie. Elle renoncera à son projet.

Claude, de son côté, s'est rendue discrètement au fort militaire de Vincennes, qui abrite la Direction centrale du service de santé des armées, pour rencontrer le médecin-chef. Au même moment Jack Dorol, l'ex-médecin de l'Élysée, qui continue à voir

Chirac, est nommé directeur de l'Institution nationale des Invalides. C'est un établissement médical de pointe et de prestige, situé au cœur du 7e arrondissement, dans ce majestueux bâtiment voulu par Louis XIV comme « un hostel royal pour y loger tous les officiers et soldats tant estropiés que vieux et caduques ». Le Roi-Soleil avait acheté le terrain sur sa cassette personnelle. D'un côté la place Vauban et le tombeau de l'Empereur, de l'autre la Place des Invalides et sa perspective grandiose qui s'ouvre vers la Seine et le pont Alexandre-III. La partie hospitalière des Invalides compte une centaine de lits et des équipements ultraperformants de rééducation où sont soignés des assurés sociaux anonymes mais aussi bon nombre de personnalités, attirés par son excellente réputation. Comme toujours lorsqu'on ne sait rien ou pas grand-chose, des rumeurs courent sur la santé de l'ancien président. On dit dans Paris qu'il doit être hospitalisé.

Je sais parfaitement qu'il est inutile d'appeler Jack Dorol. C'est un homme charmant, dépourvu de raideur militaire et qui adore Chirac. J'ai fait sa connaissance en l'église Saint-Louis-des-Invalides justement, le jour de la messe du vingtième anniversaire de la mort de Marcel Dassault, le 21 avril 2006. Quatre ans après un autre 21 avril de sinistre mémoire, Chirac était venu commémorer son protecteur de toujours. Monseigneur Patrick Le Gal, évêque aux armées et ancien évêque de Tulle, officiait. L'épître de saint Paul aux Philippiens semblait, ce jour-là, faite pour Chirac : « Je ne suis pas encore arrivé, je ne suis pas encore au bout, mais je poursuis ma course. [...]

Oubliant ce qui est en arrière, je vais droit de l'avant, tendu de tout mon être », disait l'apôtre aux chrétiens de Macédoine. Peu après cette lecture, un cadre historique de Dassault s'est soudain évanoui, pâle à l'excès et les membres pantelants. Je l'ai cru mort. Le général Dorol s'est occupé de son évacuation avec un calme et une efficacité sans pareils. « Ne vous inquiétez pas, c'est très impressionnant mais c'est un malaise vagal », m'a-t-il glissé avec un sourire.

Mais sachant qu'il ne servirait à rien de lui téléphoner pour qu'il me donne des nouvelles de Chirac et vérifier cette information qui revient avec insistance, j'appelle les bureaux de la rue de Lille. Bénédicte Brissart la dément et me dit soudain : « Ne quitte pas. » Et j'entends ce timbre si facilement imitable et unique... « Allô, allô, bonjour, Béatrice !

— Bonjour, monsieur le président ! Quelle joie de vous parler...

— Eh bien figure-toi, c'est une joie partagée. Comment ça va au *Monde* ? Tu fais toujours la même chose ? » Nous papotons quelques minutes, il me paraît tout à fait à ce que nous disons, même si le tutoiement est nouveau. Je lui exprime mon désir de le voir. « Mais viens ! Viens quand tu veux. Il n'y a rien qui pourrait me faire plus plaisir... » Naturellement, cela ne se fera jamais. Claude a sélectionné quelques journalistes amis, et interdit la porte à tous les autres. Parfois, je regrette de ne pas avoir débarqué rue de Lille au débotté.

Il y a beau temps qu'il a abandonné toute obligation officielle. En 2011, il se contente de s'asseoir au premier rang, l'air fatigué, lors de la remise du prix de sa fondation à Louise Arbour, l'ex-procureure du Tribunal pénal international, et à la Burundaise Marguerite Barankitse. François Fillon, qui avait assuré : « Quand on fera le bilan de Chirac on ne se souviendra de rien, sauf de mes réformes », est à la tribune et c'est lui, le Premier ministre, qui cisèle, en ce mois de novembre, cet hommage appuyé à son « cher Jacques Chirac » : « Il a non seulement posé un diagnostic juste sur les principaux déséquilibres de son temps, le risque d'uniformisation linguistique et culturelle, la contestation du multilatéralisme, l'insuffisance des moyens consacrés au développement, mais il a surtout défendu et promu les politiques pour y répondre. » L'année suivante, c'est Bernadette Chirac, seule, qui remet le prix, dont les lauréats sont venus voir l'ancien président en privé, dans ses bureaux.

Naturellement, il est absent au grand dîner donné au musée du quai Branly pour collecter des fonds en faveur de l'établissement dont le budget périclite. C'est le président de la Société des amis du musée, Louis Schweitzer, l'ancien PDG de Renault, qui l'a organisé, avec des couverts à 900 euros. Pourquoi lui, homme plutôt classé à gauche puisqu'il a fait partie de l'équipe rapprochée de Laurent Fabius jusqu'à Matignon ? Justement ! serait-on tenté de dire. Mais il y a une autre raison, qui remonte aux jeunes années de l'Inspection des finances, alors qu'il était, avec Alain Juppé, l'un des protégés de Jacques Friedmann. Cet ami de Chirac, né comme lui en 1932, son condisciple au lycée Carnot, à Sciences Po et à l'ENA, est mort en 2009, mais les liens entre Chirac et Schweitzer ont perduré : le président lui a confié la responsabilité de la Halde, la Haute autorité de lutte contre les discriminations et pour l'égalité, dissoute quelques années plus tard par Sarkozy.

Ce soir-là Schweitzer fait applaudir Chirac, le grand absent, à tout rompre. Une longue ovation. Puis il dit par politesse quelques mots pour Bernadette, qu'il n'aime pas beaucoup, et les applaudissements faiblissent nettement. Quand il se croit obligé d'évoquer Claude et Frédéric Salat-Baroux, eux aussi présents, il fait quasiment un flop. À l'une des tables, un mécène fait rire tous ses invités en persiflant à voix basse : « Et pourquoi ne pas applaudir le chien ? » Sumo, le petit bichon maltais blanc, remplacé par Sumette lorsqu'il est devenu agressif, représente une compagnie affectueuse pour l'ancien président. Ce qui permet à Bernadette, quand on lui demande des nouvelles de son mari dans les dîners, de répondre d'un ton glacial : « Il garde le chien. »

Sur Europe 1, le 28 septembre 2012, elle lâche : « La vieillesse est un naufrage. » Elle a beau citer le général de Gaulle, tous les amis de Chirac en sont choqués. Mais c'est bien peu par rapport à la scène que va rapporter *Le Point* dans son édition du 15 novembre, après les vacances que le couple a passées à la Gazelle d'or à Taroudant, chez Rita Bennis. C'est la fin du mois d'octobre, il fait encore assez doux pour dîner dans les jardins et Bernadette parle assez fort pour être entendue : « Élisabeth et Robert Badinter ont mieux à faire ce soir que de dîner avec vous... Vous n'êtes que le bruissement des ailes d'un insecte ! » lance-t-elle à son mari. L'ancien ministre de la Justice est attablé non loin avec son épouse, mais il y a aussi l'avocat de gauche Richard Malka, l'avocat chiraquien Gilles August (c'est lui qui s'est chargé de gérer la colossale quantité de cadeaux venus du monde entier, après le mariage de Claude avec Philippe Habert), sa femme, Marie-Laure Buisson, Philipe Val, le directeur de France Inter à l'époque, Marc-Olivier Fogiel, Audrey Pulvar... Toute la petite société parisienne qui vient se reposer des tracas de la capitale.

Chirac aime infiniment cet endroit et porte une réelle affection à sa propriétaire, Rita Bennis. Il en sera désormais privé. Lorsque Claude lit dans ce récit très informé de la journaliste Anna Cabana – elle se trouvait sur place et a entendu la scène – que c'est souvent le roi du Maroc, Mohamed VI, qui règle la note des Chirac, elle décroche son téléphone et annule les cinq chambres qui étaient réservées pour Noël. Ils ne reviendront jamais plus alors qu'ils fréquentaient l'établissement depuis 1987. Le roi leur prêtera directement un de ses palais. Quelle différence ?

La mort des uns, le départ des autres assombrissent encore la solitude de cette retraite mortifère. L'enterrement de Maurice Ulrich, à l'église Saint-Étienne-du-Mont, sur la place du Panthéon, le 20 novembre 2012, est un moment d'une rare tristesse. Perclus de chagrin, Jacques Chirac arrive sur le parvis en compagnie de Bernadette. Aux quelques personnes qui veulent exprimer leur compassion, elle répond par un geste qui s'apparente à la chasse aux mouches : « On n'est pas là pour faire des mondanités ! » Toute la chiraquie historique est présente, vêtue de noir, et parle tout bas des querelles spectaculaires qui déchirent l'UMP, dont Jean-François Copé et François Fillon se disputent la présidence. Les Français ébahis et désapprobateurs ont vu le masque faussement jovial du vainqueur, Copé, la rage froide du vaincu, Fillon. Ils ne parlent que de cela. Valérie Pécresse garde le petit visage froissé qu'elle a montré à la télévision. François Baroin et Pierre Mazeaud se serrent dans les bras l'un de l'autre en soupirant : « Triste semaine. » Mazeaud assure : « Il n'y a que Juppé qui peut nous sauver. » Un vieux monsieur naguère si grand se voûte et pleure. Quand Jacques Chirac descend l'escalier, à moitié porté par ses gardes du corps, son ami Abdou Diouf, l'ancien président du Sénégal, a l'air à ses côtés d'un géant. C'est cet homme-là qui a fait l'union des droites avec ce qu'il restait de bonapartistes, d'orléanistes, de gaullistes, de centristes. C'était en 2002, il y a cent ans et cela s'appelait l'UMP.

Plus jamais Maurice n'arrivera rue de Lille l'œil bleu teinté d'ironie, avec son flegme rassérénant et sa phrase fétiche : « Tout va bien. » Plus jamais il n'appellera le bureau, comme il le faisait chaque jour. Plus jamais Chirac ne se penchera vers le cercle des conseillers en demandant – et c'est alors que chacun tendait l'oreille : « Que pense Maurice ? » Celui-ci a tenu bon, malgré un cancer, jusqu'au bout du procès de l'ancien président puis il est parti, emportant tous les secrets de ces années de compagnonnage, perché dans son pigeonnier de l'Élysée, en discret conseiller de l'ombre. Il avait tout connu aux côtés de Chirac, Matignon, la mairie de Paris, l'Élysée.

Quelques mois auparavant, le fidèle Bertrand Landrieu a pris sa retraite et n'a laissé rue de Lille que Bénédicte Brissart et les secrétaires. D'autres personnes sont arrivées, celles que Claude était allée demander au fort de Vincennes. Des infirmiers. Quand Chirac les a vus, comprenant qui ils étaient, il les a fichus à la porte avec perte et fracas. De même a-t-il viré une infirmière qui avait cru bon de devoir le suivre jusque chez les Pinault : « Qu'est-ce que vous foutez là ? » Claude Chirac a fini par trouver une autre solution : Daniel Leconte, un ancien du RPR. Le voir arriver rue de Lille avait ravivé les souvenirs de Jean-François Probst, mort d'un infarctus en juin 2014. « Daniel, c'est Dominique, le fils de Pierre Juillet, qui nous l'avait amené, m'avait-il raconté. Il a épousé l'une des filles de Bernard Pons. Il était beau gosse et il faisait la java chez Castel. C'était le coéquipier de Claude pour les déplacements de Chirac. Quand il le voyait, il savait qu'il pouvait tendre la main, demander une serviette pour s'éponger dans les coulisses d'un meeting. » Au moins le patriarche est-il en terrain connu. Bénédicte Brissart a fini par quitter elle aussi ce bureau, où les rendez-vous se sont faits rares, où le téléphone a un jour moins sonné et où le courrier n'a cessé de diminuer.

Ce fut sans doute cela, le plus dur. Cet interminable mois de décembre 2012, où la jeune femme, mère de trois enfants, est tombée malade à l'idée de s'en aller, tout en souhaitant le faire. « Si tu t'en vas, je me suicide », lui a dit Chirac. Elle a pris conseil auprès de Jack Dorol : « Dites-lui le plus tard possible que vous partez », a recommandé le médecin. Lorsque ce jour arrive, et qu'un pot de départ est organisé en tout petit comité, Chirac reste sans mots, enfermé en lui-même. « Vous ne me dites rien ? » lui demande-t-elle. Il demeure un long moment ainsi, avant de répondre : « La tristesse est silencieuse. » Au début, en passant devant son bureau vide, il l'appellera tous les jours.

19

Un ami

Et si lui, François Pinault, était la « plus grande histoire d'amitié » de Jacques Chirac ? À peine pose-t-on la question qu'une autre s'impose : un président de la République peut-il avoir un véritable ami ? On entend aussi protester les amis de l'ombre, moins connus, moins spectaculaires, moins riches. Et quand ils ont autant de biens que cet homme célèbre, ils se disent aussitôt plus désintéressés, plus discrets, plus fidèles. Qu'importent les jalousies. Ces deux monstres de pouvoir, l'un politique, l'autre économique, n'ont peut-être pas pratiqué l'amitié comme une vertu aristocratique, telle que les philosophes l'avaient définie « av. J.-C. », mais ils en ont vécu les principes essentiels : se féliciter de la victoire et consoler l'autre dans la peine.

« De quoi serait fait le charme si intense de nos succès, sans un être pour s'en réjouir autant que nous ? » Ce soir de mai 1995, alors qu'ils fêtent l'élection du président dans le bel hôtel particulier de la rue de Tournon où habitent les Pinault, cette question d'un connaisseur de l'amitié, Cicéron, trouve sa réponse. « Je savais qu'il serait élu. J'y ai toujours cru, même au plus bas. Même quand personne n'y croyait. » Vingt ans après, François Pinault l'affirme avec la même conviction, comme s'il revivait cette soirée d'allégresse. À peine quinze personnes entourent le nouveau chef de l'État, des très proches, comme Line Renaud ou l'acteur américain Gregory Peck, sa femme, sa fille, et quelques autres – mais pas de politiques. La soirée ne dure guère pourtant, car le héros du jour est harassé. Et il n'aime pas se coucher tard.

Plusieurs fois par semaine, malgré la campagne présidentielle, Jacques Chirac est venu voir Pinault rue de Tournon, où son ami se reposait après une lourde opération du cœur, un multiple pontage. Tous les jours, Chirac lui téléphonait « Vous savez comme il est... », m'a-t-il dit. Un jour, c'est le candidat qui a débarqué, un peu fourbu, un peu voûté, tel qu'il ne se montrait jamais en public. Il a demandé à Pinault s'il pouvait convaincre Michel Giraud, qui avait déjà choisi Balladur, de changer d'avis et de le soutenir, lui.

C'est Giraud, président du conseil régional d'Île-de-France pendant plus de vingt ans, qui avait présenté les deux hommes, le Breton et le Corrézien, en 1981. Pinault, qui fut giscardien et proche d'Alain Madelin, est devenu résolument chiraquien. « Jacques, je veux bien essayer avec Giraud. Mais je crois que cela ne sert à rien. Les jeux sont faits et de toute façon vous allez gagner. ». Ce jour-là, il ne lui pas apporté un soutien supplémentaire, mais il lui a donné davantage : quelque chose qui, dit-on, s'en va au galop et revient à pied – la confiance. « Oui, je vais gagner », a répété le candidat en serrant les poings dans un geste de combat, avant de repartir les épaules plus droites.

À cette époque Pinault a déjà bâti son empire, il a créé sa holding financière, Artemis, fusionné Pinault-Printemps avec La Redoute pour former PPR, racheté la FNAC et commencé à constituer l'une des plus importantes collections d'art privé contemporain de France, voire du monde. Il va bientôt racheter la maison britannique de ventes aux enchères Christie's et, en 2005 le palazzo Grassi au bord du Grand Canal, à Venise, pour y exposer une partie de sa collection personnelle. Il a renoncé à s'installer en France sur l'île Seguin, à Boulogne-Billancourt, car il juge trop lourde, trop lente la procédure administrative. L'État a pourtant été généreux avec l'homme d'affaires par le passé. Évidemment, il possède un journal et un club de foot : *Le Point*, racheté en 1997, et le Stade rennais, l'année suivante.

Chirac est désormais au sommet, là où l'air est plus rare, là où l'on est seul. À la cime. Là où personne ne peut vous suivre – une solitude d'essence théocratique, que famille, amis et amours peupleront sans la remplir. Pinault vient, bien sûr, à l'Élysée. Il passe, une demi-heure, trois quarts d'heure, et parle d'économie, de problèmes divers – des visites plus amicales que politiques, assure-t-il. Toujours en tête à tête. L'homme d'affaires a bien essayé de convertir le président à quelques idées qui auraient servi ses intérêts, mais souvent sans résultat. Il rit encore en pensant à ce dîner qu'il a organisé avec les Chirac et les Monod, chez lui, pour tenter de persuader le nouveau chef de l'État de supprimer l'impôt sur la fortune. Jérôme Monod, l'opposé du self-made-man Pinault, et sa femme Françoise, petite-fille du radical corrézien Henri Queuille, ont beaucoup compté, aussi, dans la vie de Chirac. « Il nous a dit d'aller nous faire foutre ! Contrairement à ce que l'on peut croire, l'homme n'est pas très maniable », s'amuse François Pinault. C'était tout de même assez culotté de demander la suppression de l'ISF après une campagne axée sur la fracture sociale. Il fallait déjà en piétiner toutes les promesses pour préparer l'entrée dans l'euro et répondre aux critères budgétaires de Maastricht...

Le plus curieux dans cette amitié, est sans doute que les deux hommes n'ont jamais évoqué autrement que par des regards, par des non-dits plus lourds que des paroles, leur souffrance de père : Chirac et Pinault ont tous les deux une fille gravement atteinte d'anorexie. Elles s'appellent toutes les deux Laurence. Mais Sénèque l'avait compris il y a plus de deux mille ans : « Les grandes douleurs sont muettes. » Après l'Élysée, Pinault fournira un travail à Claude, chez PPR. C'est François-Henri, son fils aîné, issu d'un premier mariage et désormais dirigeant de l'empire fondé par son père, qui proposera le job à la fille de l'ex-président, une amie. Le patriarche de l'industrie et de la finance en a casé des chiraquiens... Pour d'autres que sa fille, le président n'a pas hésité à prendre son téléphone, comme toujours − une antenne de Pôle Emploi à lui tout seul.

Le moins curieux dans cette amitié, est sans doute l'agacement mal dissimulé que Pinault éprouve à l'égard de Bernadette. La plupart des amis de Chirac n'aiment pas sa femme, c'est presque à cela qu'ils se reconnaissent ! Leur affection pour le Grand est souvent inversement proportionnelle à celle qu'ils portent à son épouse. Cela n'empêche pas les deux couples de se fréquenter assidûment et Pinault d'être tout à fait courtois. Mais c'est Chirac qu'il aime. « C'est un type extrêmement intelligent. Il sent les choses. Il se trompe rarement sur les gens. Avec le recul, j'ai eu l'occasion de m'en apercevoir », dit-il à soixante-dix-sept ans. Toute l'indulgence pour lui, très peu pour elle.

Bernadette Chirac et François Pinault se supportent mutuellement, voilà tout. Le jour où elle a lâché : « Jacques m'a trompée toute sa vie mais je les connais toutes. Je leur ai pardonné, sauf à trois d'entre elles », Pinault a rigolé *in petto* et confié à un ami : « Mais non, elle ne les connaît pas toutes ! » Et il ne contredit pas ceux qui se demandent encore pourquoi Bernadette n'est pas partie puisqu'elle était si malheureuse. Après tout, elle n'a pas été humiliée et dans toutes les vies qu'elle a menées, le faste, les honneurs, le décorum ne lui ont pas été si désagréables. Son snobisme agace l'homme d'affaires, lui le fils d'un marchand de bois d'origine paysanne qui a quitté l'école à seize ans. Ses airs de reine l'irritent car il éprouve un profond respect pour l'institution présidentielle et il n'y a qu'un chef d'État – en l'occurrence ce n'est pas elle. Son sarkozysme l'énerve au point qu'il a voté Hollande en 2012, l'ennemi de la finance ! Et ne lui dites pas que Chirac ne savait pas ce qu'il faisait en appelant à voter pour lui, il hausserait les épaules. Ils en avaient parlé ensemble et Pinault l'avait encouragé à le faire. Comment s'étonner qu'il ait été exaspéré de la démarche de Claude et de Bernadette qui sont allées s'agenouiller à l'Élysée pour demander pardon au souverain du soi-disant « humour corrézien » de leur père et mari ?

De Chirac, de son mystère, des facettes qu'il veut bien montrer aux uns ou aux autres, de ses vérités multiples, François Pinault assure qu'il est très loin de tout connaître. Mais après 2005 et ce brutal AVC, il a senti en lui un doute nouveau, une ombre, tantôt légère, tantôt pesante, qui lui faisait aborder différemment la fin du pouvoir. Jamais il ne l'exprimait, jamais il ne lui en parlait, mais la question le taraudait sans doute : et si ses forces l'abandonnaient avant l'heure, avant la fin du mandat ? Avec l'âge étaient venues l'expérience, une forme de sagesse – ou de cynisme bonifié – qui ont compensé l'affaiblissement du corps, le ralentissement de l'esprit. Mais là, c'est tout autre chose qui se jouait. Pinault observait, de loin, les conseillers qui prenaient le pouvoir, en particulier Salat-Baroux, Villepin qui se prétendait le « cerveau » de Chirac et le successeur qui multipliait ses attaques. Le pouvoir a horreur du vide et la place que laissait peu à peu le chef fut aussitôt occupée. Et comment ne pas voir cette espèce d'indifférence à tout qui le gagnait, comme un signe avant-coureur de la déprime... Elle s'est jetée sur lui sitôt qu'il a quitté l'Élysée.

Quand Pinault voit ces photos pathétiques dans *Paris Match*, à l'été 2007, d'un ancien président fatigué, un peu absent, qui serre dans ses bras un petit chien blanc en sortant d'un hôtel de Biarritz, il l'appelle. « Venez », lui dit-il. Si, au temps du pouvoir, l'homme d'affaires passait à Brégançon, durant l'été, jamais le président n'avait accepté de venir chez lui à Saint-Tropez. « Il ne voulait pas que les Français pensent qu'il allait faire la fête avec les riches, et il avait raison. Saint-Tropez, ce lieu de dépravation ! »

Les Chirac vont donc désormais dans la villa du milliardaire, avec ses jardins en terrasse, ses petits bâtiments aux toits de tuile rose qui préservent l'intimité de chacun, sa piscine bordée de bosquets et ses somptueuses œuvres d'art. Sur le port, Chirac revit, se répare, replonge comme naguère dans la foule qui le fête. À la terrasse des cafés il fait des photos, embrasse les jolies filles et serre les mains, comme naguère. Après Saint-Tropez, le couple va se réfugier à Dinard, dans l'autre villa des Pinault. Et l'été file ainsi plus vite.

Peu à peu, sans doute à mesure que l'anosognosie gagne, la déprime s'efface, avec la lucidité. Il n'est plus question de sauter dans l'Airbus A319 présidentiel comme d'autres prennent l'autobus ou le métro. Chaque jour, c'est seulement un petit trajet deux kilomètres deux cents qui l'attend, entre le quai Voltaire et la rue de Lille, un peu plus de dix minutes en voiture, quand il n'y a pas d'embouteillages.

Encore une fois, Pinault le sauve de cette retraite crépusculaire. Ils partent tous les deux dans l'un des

Falcon de l'ancien PDG au Mali, où Chirac devient grand chef dogon. C'est le seul étranger non africain qui a reçu ce grade, lors d'un cérémonial extraordinaire. « Nous avons repris la route et lorsque nous sommes arrivés au pied de l'avion, qu'est-ce que je vois ? Un bélier ! Vivant ! Sur ses pattes. Les Dogons avaient pris la route avant nous pour être là quand on arriverait et ils avaient apporté un cadeau. » Un présent odorant, dont Pinault s'inquiète : « Mais qu'est-ce qu'on va en faire ?! » Chirac explique gentiment aux Dogons qu'il est très touché et qu'il repassera le chercher plus tard... « Il aime les gens et il en est aimé. C'est phénoménal, sa popularité. Il faut voir cela », dit François Pinault.

Une autre fois, ils s'envolent pour Abu Dhabi, où Chirac a promis de se rendre, après l'Élysée. Il veut voir la mosquée Cheikh-Zayed, le plus grand bâtiment jamais construit en marbre. L'édifice d'un blanc éclatant – la pierre vient de Carrare – s'étend sur vingt-deux mille mètres carrés et peut accueillir plus de quarante mille visiteurs, y compris des non-musulmans. Elle contient, selon Wikipédia, le plus grand lustre et le plus grand tapis du monde. Sa construction a nécessité le travail de deux mille cinq cents ouvriers et elle s'est déroulée pendant douze ans... de 1995 à 2007, soit exactement pendant les deux mandats de Jacques Chirac. Son initiateur, Cheikh Zayed, premier président des Émirats arabes unis, mort avant la fin des travaux, l'avait voulue comme une preuve impérissable de tolérance et d'ouverture sur le monde. Son fils, qui voit Chirac comme son « deuxième père », a veillé à l'achèvement de l'édifice.

« Ce devait être un voyage rapide. Chirac me dit : "J'ai besoin de la voiture, deux heures." Et on est allés à la mosquée. Il s'est recueilli pendant une heure et demie sur la tombe de Cheikh Zayed. Il en est ressorti très ému. » Il l'avait connu au début des années 1960 et celui-ci l'avait beaucoup conseillé. C'était un homme venu du désert, dont Chirac jugeait l'intelligence hors du commun. Le lendemain, son fils, Cheikh Mohammed ben Zayed, prince héritier et ministre de la Défense, a prié les deux visiteurs de rester, pour le mariage d'un de ses enfants. Une cérémonie traditionnelle, avec le jour des hommes et celui des femmes. Parmi les hommes en blanc, Chirac et Pinault sont les seuls en costume de ville. Peu importe, « pour eux il fait partie de la famille ».

20

L'anniversaire

Ce fut un moment singulier. Une éclaircie dans l'hiver du patriarche, une lueur dans cette nuit qui vient, jetant son brouillard sur la raison. Lundi 3 décembre 2012, dans le grand salon du Conseil constitutionnel, dont les hautes fenêtres projettent leurs lumières sur les jardins du Palais-Royal, ils viennent à lui, un à un, pour une accolade affectueuse, une conversation légère, un baiser, une poignée de main, l'échange de quelques souvenirs. Avec quelques jours de retard, Jacques Chirac fête ses quatre-vingts ans. Un anniversaire comme une parenthèse dans la mélancolie des jours. Une fête à la fois joyeuse et triste, autour d'un vieux président dont l'esprit, souvent, s'absente. Un regard en arrière sur quarante années de vie politique qui, de coups de génie en coups de menton, ont fini par compter double. Un rassemblement rare, au moment où la droite implose dans d'interminables convulsions.

« C'est la famille qui était là », dira l'un des convives. Comme c'est juste. La famille politique et

affective, qu'on a longtemps appelée les « chiraquiens ». Toutes les strates d'une geste qui passe par
la Corrèze, la mairie de Paris, Matignon, l'Élysée...
Lentement, de ce pas glissé qu'on lui connaît désormais, l'ancien président traverse cette longue salle
parée de tapisseries des Gobelins et de fauteuils
rouges Empire, dont l'un a été disposé spécialement
pour lui. Il ne le quittera pas. Quand son complice
et soutien, Jean-Louis Debré, le président du Conseil
constitutionnel, dit combien l'assemblée est émue de
se retrouver autour de lui, quand il exprime respect
et affection, au nom des invités triés sur le volet
– quelque quatre-vingts personnes –, le vieux chef ne
bronche pas. Quand Marie-Laure de Villepin fait un
long discours pour expliquer la genèse de son œuvre
offerte en cadeau d'anniversaire, une « graine de
vie » en bronze, il ne répond rien. A-t-il seulement
souri lorsque l'ex-femme de l'ancien Premier ministre
a dévoilé cette forme fendue et fait allusion aux ron-
deurs féminines, déclenchant quelques rires ? Ce
n'est pas certain. Quelques jours plus tard, on fera
savoir aux journaux que Jacques Chirac l'a appelée
pour la remercier.

Claude a choisi elle-même ce cadeau sur le catalogue que lui a présenté Marie-Laure Viébel, devenue
sculptrice sous ce nouveau nom, comme pour sou-
ligner combien la vie est belle, depuis ou malgré son
divorce de Dominique de Villepin et du milieu politique. L'artiste s'est entichée de ces graines géantes,
les « cocos-fesses », que l'on trouve aux Seychelles,
et les représente en série. Jean-Louis Debré a toussoté,
mais cela changeait de l'objet d'art premier que la

cour, un peu fayote, offrait chaque année à Jacques Chirac, connaissant ses goûts et ses connaissances pointues dans ce domaine.

Au moins savait-on avec certitude d'où provenait le présent. Il était arrivé que le ministre délégué à la Coopération, Jacques Godfrain, soit convoqué par le président malien, Alpha Oumar Konaré, historien de formation et ancien chef du patrimoine ethnographique du Mali. Ce démocrate était allé droit au but : « J'ai vu sur une photo dans *Paris Match* que l'on avait offert au président une statuette malienne du XVe siècle. Je ne sais pas comment ils se sont procuré cet objet d'art, mais il appartient au peuple malien. – Je vous promets d'essayer de savoir », avait répondu Godfrain.

Au Conseil des ministres suivant, celui-ci avait fait passer un petit mot à Chirac, qui l'avait reçu très vite : « Tu appelles Konaré et tu lui dis que je ferai absolument ce qu'il voudra. Soit tu lui rends, soit il est déposé au musée, ici ou à Bamako, comme il veut. » Godfrain avait appelé le président malien aussitôt remonté dans sa voiture. Le téléphone avait sonné quelques minutes plus tard. C'était Villepin, qui l'avait apostrophé : « Espèce de connard. – Oui, qu'est-ce je peux pour ton service ? » Le ministre, un fidèle chiraquien, avait vite compris qu'il s'agissait de la statuette et expliqué avoir fait son devoir en la restituant à son propriétaire. « Et tu n'arrives pas à leur faire fermer leur gueule à tous ces présidents que tu arroses avec l'argent de la Coopération ? » vociférait le secrétaire général de l'Élysée. « Je t'interdis de dire ça ! lui avait rétorqué Godfrain. Ils sont d'une loyauté parfaite et l'argent va au développement. Ils votent avec nous aux Nations unies, ils soutiennent la politique de reprise des essais nucléaires, alors maintenant ça suffit. » On ne jurerait pas si vite que tout fut parfait dans la relation franco-africaine. Mais au moins, en 2012, il n'y a rien à redouter du coco-fesse de Marie-Laure Viébel.

Ses anciens comparses chefs d'État et de gouvernement n'ont pas oublié Jacques Chirac. Poutine et Medvedev lui ont envoyé un tableau de Saint-Pétersbourg et une corne de mammouth sculptée de petits mammouths – l'inévitable cadeau « arts premiers ». Angela Merkel lui a passé un long coup de téléphone et lui a écrit une lettre très sympathique : « Vous avez accompli de grandes choses pour la France [...] Vous vous êtes investi de manière soutenue et toujours très personnelle dans la relation d'amitié entre la France et l'Allemagne. » Et la chancelière alors au sommet de sa gloire de conclure : « Personnellement, je n'ai pas oublié comment nous avons réussi, fin 2005, grâce à notre concertation étroite et à notre coopération empreinte de confiance, à débloquer le budget de l'Union européenne jusqu'en 2013. » Et lui, s'en souvient-il ?

Jean-Louis Debré et Claude Chirac se sont attelés avec soin à établir la liste des convives et s'il y a bien quelques absents, aucun des fidèles ne doute du plaisir que l'ancien président éprouve à voir son monde, dans ce salon où sont annoncés les résultats de l'élection présidentielle. Depuis quand ne se sont-ils pas rassemblés ? Jusqu'où leur faut-il remonter pour retrouver ce sentiment de former un clan, par-delà les différences ? En 1995 peut-être, lorsque l'ivresse de la victoire les avait propulsés sur un balcon de Paris, le sourire accroché au visage. Leur champion s'appelait Jacques Chirac et il avait gagné, avec eux, une prodigieuse bataille. Aujourd'hui, pour fêter son anniversaire, Alain Juppé, le raide Juppé, ce connétable désenchanté venu tout exprès de Bordeaux, s'accroupit près du vieux souverain. Ils se prennent dans les bras. Étonnante démonstration d'affection de la part de deux hommes si pudiques.

Aux uns, aux autres, Chirac dit un mot gentil : « Ah, tu es là ! Tu vas bien ? » Il n'entend pas forcément la réponse, mais il prend des nouvelles des enfants, du travail, de la vie. Cette vie qui ne lui parvient plus qu'assourdie. Il est « très heureux et pleinement avec nous », confie l'un de ses invités. Évidemment, François Baroin est là, qui n'a jamais pris une décision sans en référer à son mentor. Mais il jure que lors de ses visites à l'ancien chef d'État, environ deux fois par mois, ils oublient la politique.

Qui, à part l'ancien président, pouvait réunir dans une même soirée Dominique de Villepin et Michèle Alliot-Marie, fâchés à mort depuis l'affaire Clearstream ; le fidèle Christian Jacob, qui a choisi Copé dans la bataille de l'UMP, avec des soutiens de Fillon ; une palanquée d'anciens ministres ; quantité de parlementaires, ou ex-parlementaires ; une kyrielle d'anciens conseillers, dont certains entrèrent au gouvernement, Christine Albanel, Philippe Bas, Catherine Colonna, Augustin de Romanet, Jean-François Cirelli ; la petite bande des anciens chargés de communication de l'Élysée, Agathe Sanson, Laurent Glépin, Frédérique Bayre et Bénédicte Brissart. Et aussi une ministre de gauche, Aurélie Filippetti, venue rejoindre son compagnon de l'époque, Frédéric de Saint-Sernin, ancien conseiller de Chirac et cousin de Villepin. Sans oublier les quatre journalistes priés de ne rien dire ni avant ni après, Philippe Goulliaud du *Figaro*, Marie-Bénédicte Allaire de RTL, Véronique Saint-Olive de France 2 et François Bachy passé de TF1 à la Caisse des dépôts.

Les amis très chers, François et Maryvonne Pinault, sont naturellement de la fête. Et aussi Marc Ladreit de Lacharrière, un autre chef d'entreprise proche, dont les liens avec Chirac remontent au milieu des années 1980. Premier ministre de cohabitation en 1986, Jacques Chirac voulut même en faire un ministre. Le financier refusa mais il fonda avec lui, dix ans plus tard, le « prix de l'audace créatrice » destiné à récompenser des petites et moyennes entreprises dynamiques. Une fois par an, l'homme d'affaires, très lié aussi à Maurice Ulrich et à Bertrand Landrieu, invitait toute l'équipe de la rue de Lille.

Gare à ceux, qui ce soir-là, croient prendre Chirac en défaut. « Bonsoir, marin », lance le vieux président à l'homme qui s'avance, Édouard Guillaud, son ancien chef d'état-major particulier à l'Élysée. Il est maintenant chef d'état-major des armées et amiral. C'est lui qui coordonnera l'opération Serval au Mali, en janvier 2013. Le « marin », Chirac l'a toujours appelé ainsi, car Guillaud, fils d'un ancien PDG de TF1 et de l'AFP, sorti de l'École navale, a navigué dans des sous-marins nucléaires, l'*Indomptable* et le *Redoutable* et a commandé le porte-avions *Charles-de-Gaulle*. Debré s'empresse d'aller voir ce militaire qu'il ne connaît pas : « Excusez-le, il arrive qu'il ne reconnaisse pas tout le monde...

— Mais il m'a très bien reconnu ! Cela fait vingt ans que l'on se connaît et il m'a toujours appelé le marin... »

Henri Bentégeat, le saint-cyrien, qui a occupé les mêmes hautes fonctions que Guillaud, quelques années auparavant, le sait bien. Chirac l'a baptisé l'« amiral ». Il a pour lui de l'estime et de l'affection et ce haut gradé le lui rend bien. Pourtant, tant de monde défile et tant de rumeurs circulent sur la santé de l'ancien président qu'en le saluant, le militaire juge bon de se présenter. Chirac le fixe d'un œil noir : « Et moi c'est Jacques Chirac. » Bentégeat sent la honte lui monter aux joues : « Je vous demande pardon. »

Entre eux, il y avait la vie de milliers d'hommes, des décisions d'une importance extrême et une confiance totale. Ensemble, ils ont géré des opérations en Bosnie, au Kosovo, en Côte d'Ivoire, au Tchad, au Liban, en Afghanistan... Le général se rappelle chaque détail de l'opération, décidée en un éclair, qui a conduit à la destruction de l'aviation du président ivoirien Laurent Gbagbo, après le raid sur Bouaké, où neuf soldats français avaient trouvé la mort. À sa ministre de la Défense, Michèle Alliot-Marie, Chirac ordonnait, un brin macho : « Laisse faire Bentégeat, ma petite Michèle, c'est son métier ! »

À l'Élysée, ce général avait servi Mitterrand et il était resté avec son successeur, comparant souvent ces deux sceptiques, imprégnés d'un même fond de radical-socialisme et admirateurs d'Henri Queuille. L'un comme l'autre, a-t-il souvent constaté, avaient une parfaite maîtrise des règles du jeu et pensaient que chaque personne a son prix. Chez Chirac, habité par la fonction de chef des armées, il a infiniment apprécié la capacité à décider et à assumer ses responsabilités, là où Mitterrand avait tendance à parapher une note d'un « Vu » peu compromettant.

Même Bernadette Chirac a de l'estime pour Bentégeat ! Lorsqu'elle est arrivée à l'Élysée, elle l'a fait venir dans son bureau : « Alors général, on dit que vous avez servi François Mitterrand. Eh bien j'espère que vous nous laisserez profiter de votre expérience... » Elle l'a aidé à trouver des sponsors pour restaurer la chapelle royale du château de Vincennes. De son côté, il s'est arrangé pour changer à l'Élysée les maîtres d'hôtel, toujours des sous-officiers de marine, qui lui déplaisaient.

Mais à présent, indifférente au caractère si spécial de cette soirée, sanglée dans son tailleur bleu marine, Bernadette Chirac va répétant sous les lambris, l'air impérial, que décidément, pour la droite, il n'y a que Sarkozy. Elle ne voit que lui pour tirer d'affaire l'UMP, et quelques hôtes sidérés la croient encore en campagne. Un long documentaire vient de lui être consacré sur France 2, *Un jour un destin*, qu'elle n'a pu regarder, conviée à un gala. Contrariée, elle avait demandé au patron de France Télévisions, Rémy Pflimlin, d'en différer la programmation. L'ex-première dame mène sa vie comme elle l'entend, mondaine, parfois hautaine, indépendante. Au mariage de l'homme d'affaires Henri Seydoux avec l'ancien mannequin vedette de Jean Paul Gaultier, Farida Khelfa, trois mois auparavant, on l'a vue, munie de ses immenses lunettes sombres, écouter le concert de Mika, le chanteur de pop britannique. Elle avait trouvé une place à sa convenance, affalée sur une banquette au côté de Mick Jagger, lui-même assis à côté de Nicolas Sarkozy, sur les genoux duquel était juchée Carla Bruni-Sarkozy.

Claude Chirac, qui vient alors d'avoir cinquante ans, mène en comparaison une vie très sage, tout entière dévouée au patriarche et au clan. « "Clan", je n'aime pas beaucoup ce mot », a-t-elle confié à Mazarine Pingeot, sur France Culture, dans l'émission *La Part d'enfance* diffusée l'été précédent. « On est plutôt une famille très unie », a-t-elle affirmé à la fille de François Mitterrand. « Plutôt » et « très » : les deux.

À l'approche de cet anniversaire, toujours attentive à la popularité de ses parents, Claude Chirac a fini par sentir le danger, après toutes ces images montrant sa mère revêche avec la presse. L'opération *Paris Match* préparée de longue date à Taroudant avec la journaliste Caroline Pigozzi s'imposait avec d'autant plus d'évidence. La fille de l'ancien président a tout réglé et l'hebdomadaire, dans son numéro daté du 29 novembre, le jour même des quatre-vingts ans de Chirac, s'est prêté au jeu avec souplesse. À la une, la

223

« tendresse de Bernadette ». À l'intérieur, huit pages de « bonheur », où s'étale la famille recomposée de Claude, et, pour la première fois, deux photos de sa sœur, Laurence. Sur l'une, on la voit assise entre son père et les beaux-fils de Claude. Sur l'autre, un cliché rare, les quatre Chirac sourient, debout. Une coiffure frisottée mange un peu le visage de Laurence, mais elle a l'air heureuse, la main de son père posée sur son épaule. Elle porte un pantalon et un blouson en jean et à son poignet un bracelet de perles offert par sa sœur.

Claude Chirac a fait en sorte qu'une large place soit réservée à Frédéric Salat-Baroux dans ce numéro spécial anniversaire. Sur une page entière il « rend hommage à l'héritage et aux valeurs de son beau-père ». Le jour exact des quatre-vingts ans de l'ex-président, il est allé porter la bonne parole dans les médias, glissant qu'il fallait « revoter à l'UMP »... Et l'on a bien fait comprendre aux chiraquiens qu'il avait le monopole de l'antenne ce jour-là. C'est peu dire qu'ils n'ont pas été dupes. « Jacques Chirac n'est pour rien dans tout cela, évidemment. »

À vrai dire, personne n'a compris qu'une telle place soit accordée à la sphère privée, tandis qu'il était interdit de parler de la cérémonie du 3 décembre, dont l'initiative revenait à Jean-Louis Debré. Beaucoup l'ont chaleureusement remercié d'avoir permis ces quelques heures exceptionnelles.

Il n'est pourtant nullement question que la République débourse un euro pour cette réception. Bernadette Chirac y voit encore un motif pour maugréer, puisque tout lui est dû, et François Pinault s'agace :

« Ce n'est pas elle qui a payé. » Ils ont été plusieurs à verser une participation et les amis fortunés davantage. À la sortie du Conseil constitutionnel, sur les quelques images prises par BFM, on voit l'ex-première dame chasser de la main les rares journalistes présents. Plus que jamais, elle ressemble à cette reine Marguerite de Ionesco, implacable et cruelle, qui interrompt le garde dans *Le Roi se meurt* : « Sa Majesté devient gâ...

— Imbécile, tais-toi, ne donne plus de bulletins de santé pour la presse. »

21

La nuit qui vient

> « Il resta immobile, les yeux fermés, en vérité ouverts sur ce passé dont il comprenait désormais la déchirante beauté. »
>
> Andreï Makine,
> *La Vie d'un homme inconnu*

Jacques Chirac a accédé à une forme de résignation, dès lors qu'il a quitté la place la plus convoitée de la République. Il n'a jamais cru retrouver un rôle après – même s'il a pris du plaisir à recevoir du monde, autant que sa santé le lui a permis. Il n'a jamais eu l'énergie ni l'envie de faire vivre une fondation autrement que dans quelque cérémonie. D'autres, ses amis, sa fille, Alain Juppé entré au conseil d'administration, s'en chargent pour lui. Lui propose-t-on de participer à quelque initiative internationale ? « De toute façon, cela ne sert à rien. Quand on n'a plus de fonction exécutive, les choses n'avancent pas », soupire-t-il, désabusé.

Cet homme qui a vécu à l'Élysée enfermé dans une cage de mots, puis dans la maladie et la peur que d'autres avaient d'un procès, est désormais enfermé en lui-même sans le vouloir, autant que par goût du secret.

Bien sûr il continue à recevoir des visites, presque toutes amicales et affectueuses, mais plus espacées. Il sourit, laisse prendre des photos et s'émerveille devant les enfants qu'on lui amène. Il accomplit le grand effort de marcher jusqu'à la porte et garde la main de son visiteur dans la sienne : « Reviens me voir. » Parfois il suit la conversation, parfois son esprit s'évade. Comme ce jour où Claude a suggéré à une amie de venir avec son chien – puisqu'il les aime. Elle-même amène souvent rue de Lille Scott, le golden retriever qui gambadait dans les jardins de l'Élysée. La discussion tourne autour de la politique, durant de longues minutes, pendant lesquelles Chirac ne dit rien. Peut-être caresse-t-il distraitement la tête du chien. Alors que la dissertation va bon train sur l'état du pays, il se penche soudain vers l'invitée : « Et toi, qu'est-ce que tu lui donnes comme croquettes ? » Une façon polie de dire son ennui ? Une déconnexion passagère ? En tout cas, la politique française au jour le jour ne l'intéresse plus, il en a été rassasié.

La moindre occasion de s'échapper devient si rare... Consigné à Bity pendant tout le mois de juillet 2013, il s'est remis à fumer, a raconté le journal *Sud-Ouest*. Comme une bouffée de liberté et tel un adolescent, à Paris il fume en cachette dans les toilettes de son bureau ! À la fin des années 1980, il avait arrêté de tirer sur ses éternelles Winston, dont le paquet rouge traînait toujours près de lui. Combien de photos, si politiquement incorrectes aujourd'hui, le montrent ainsi, clope au bec, avec une dégaine d'acteur américain... Un peu vexé que Bernadette ne l'ait pas félicité de son sevrage, il avait fini par demander : « Vous n'avez rien remarqué ? » Au moment du plan cancer, en 2003, les conseillers de l'Élysée avaient été priés, eux aussi, de faire un effort pour arrêter le tabac et donner l'exemple aux Français. Y compris sa fille Claude, qui fumait des cigarettes ultra-light. Chirac lui avait dit : « Tes trucs qui ne sentent rien, c'est pas bon non plus. »

Privé de Saint-Tropez, privé de Dinard, privé de la Gazelle d'or à Taroudant, il meuble désormais son mois d'août dans un palais du roi Mohamed VI au Maroc, gracieusement prêté par Sa Majesté. Bernadette Chirac, qui aime à vivre dans de belles demeures, ne manque jamais de dire du bien du souverain alaouite quand l'occasion s'en présente. À l'été 2013, les Salat-Baroux et leurs enfants débarquent tous et Claude prend en main l'organisation de la vie quotidienne de ses parents, malgré une nombreuse domesticité. Une visite au moins égaye ces vacances, celle du médiatique évêque de Gap, monseigneur di Falco, qui permit à Chirac de taquiner gentiment celui qu'il surnomme le « Curé Tamé ». « Allez, on va acheter un cadeau pour votre sœur. Vous avez bien une sœur ? Une bonne sœur ? Ah bon, votre sœur n'est pas bonne sœur ? » Il s'amuse, ce petit-fils de bouffeur de curé, et juge que le porte-monnaie trouvé pour la sœur de monseigneur n'est ni assez grand ni assez joli. Il faut parcourir toutes les boutiques et à chaque fois on lui serre la main, on l'embrasse, on l'applaudit, on le fête. Comme avant.

Et puis il faut bien rentrer sous le ciel de Paris où l'esprit redevient la proie des longs ennuis. Tous les jours il emporte le journal, sans le lire. « Les articles sur lui, il s'en fout ou il les évite », disait une collaboratrice – mais il n'a plus à se donner cette peine. Quand Bernadette, elle, donne une interview au *Figaro*, dont le contenu va l'irriter, elle arrive triomphalement avec la presse sous le bras en lançant : « Ah, ah ! Vous n'êtes pas content. » Et elle rit en même temps, ravie de sa provocation. Elle règne en maîtresse, comme toujours. Lorsque dans le bureau s'affairaient encore des conseillers, Bertrand Landrieu, Bénédicte Brissart, Hugues Renson et deux secrétaires, le garde du corps de l'ex-première dame l'annonçait, l'air pincé : « Madame arrive et ne veut voir personne. »

Elle devant, lui dans l'ombre, telle est désormais leur place respective. Mais la politique nationale fait irruption avec fracas dans cette vie réglée selon des horaires de couvent, à l'automne 2014. Un second coup d'éclat après le soutien à François Hollande en juin 2011.

Nicolas Sarkozy a dû quitter le pouvoir à cinquante-sept ans, un âge où Chirac en rêvait encore (il est devenu président à soixante-trois ans), et ne cesse d'envoyer des « cartes postales » pour annoncer son retour. Il s'apprête à revenir, il revient, il arrive, c'est pour bientôt... Jusqu'au jour où Alain Juppé se dresse sur sa route. Il ne lui dispute pas la présidence du parti, ce serait peine perdue, mais annonce qu'il l'affrontera lors de la primaire, la première pour la droite, en vue de la présidentielle de 2017. Sans les attaques de Bernadette Chirac contre le maire de Bordeaux, cette nouvelle bataille au sein de la même famille politique eût sans doute continué sa routine meurtrière, émaillée de « crocs de boucher ». Sarkozy : « Je vais te tuer ! » Juppé : « Tu sais où me trouver... », etc.

C'est à l'occasion d'un dimanche d'élections sénatoriales, le 28 septembre 2014, que Bernadette Chirac s'attaque au « meilleur d'entre nous », sur Europe 1 : « Juppé ? Qu'est-ce que Juppé a à voir avec Nicolas Sarkozy ? Il est très, très froid, il n'attire pas les gens, les amis, les électeurs éventuels... Il peut courir avant de faire des succès comme ça sur les planches. » Jamais elle ne s'est lâchée ainsi publiquement contre le maire de Bordeaux. Aux élections municipales de 1983, elle l'avait fortement aidé au contraire, parcourant avec lui les maisons de retraite, les rues commerçantes et les cages d'escalier du 18e arrondissement. Elle l'avait fait pour son mari. Chirac, lui, avait un peu baladé son protégé, lui promettant une circonscription dans le 17e avant de l'attribuer à Bernard Pons : « Il va être battu dans l'Essonne, ça vous ennuie de la lui laisser ? » Le petit jeu avait duré des semaines − « C'est là que j'ai failli abandonner la politique », avoue Alain Juppé. Mais recalé au poste de numéro deux du Crédit national pour cause de chiraquisme, il s'était donc finalement attaqué à la

« bande des quatre » du 18ᵉ, Lionel Jospin, Daniel Vaillant, Bertrand Delanoë et Claude Estier, efficacement secondé dans son combat par Bernadette. C'était l'année du grand chelem de Chirac à Paris, première édition d'un exploit réitéré aux élections municipales suivantes.

À vrai dire, les relations de Juppé et de Bernadette commencèrent à s'écorner sérieusement dès le soir de la victoire de 1995, où dans la bousculade, elle fut éloignée de son mari. « On m'a obligée à rentrer dans un immeuble, tandis que Jacques prenait un bain de foule avec Alain Juppé », se plaindra-t-elle dans *Conversation*, six ans plus tard ! Faut-il éprouver du ressentiment... Que dire alors des deux années qui suivirent et de la descente aux enfers de ce Premier ministre, couronnée par une dissolution ? Bernadette, qui préférait Philippe Séguin, lui marqua de plus en plus de froideur. Au moment de son procès, pourtant, en 2004, en croisant à l'Élysée l'ancien Premier ministre, dans le couloir menant au bureau du président, elle lui prodigua ce mot touchant de réconfort : « Quand on s'attaque à quelqu'un de la famille, c'est comme si l'on s'attaquait à moi. » Juppé en fut tourneboulé. Il allait tenir bon, c'est sûr, devant les juges ! Mais juste après le procès où il avait tout assumé, alors qu'il s'apprêtait à s'exiler au Canada, elle le rencontra à un enterrement aux Invalides et lui lança : « Qu'est-ce que vous faites là, vous ? »

Elle n'est pourtant jamais allée publiquement jusqu'aux propos empreints de méchanceté qu'elle profère en cet automne 2014. Juppé, lui, garde son sang-froid : « Ça m'a fait de la peine, mais j'ai beaucoup de respect pour Mme Chirac, ça a été une première dame très digne, je ne veux pas polémiquer avec elle », commente-t-il sur France 2.

Claude et Jacques Chirac qui passent désormais le plus clair de leur temps ensemble, n'ont jamais remis en cause le partage des rôles laissant à Bernadette la défense exclusive de Nicolas Sarkozy. Mais des atteintes contre l'ancien Premier ministre aussi officielles, aussi mordantes, n'entrent pas dans le contrat. Pour la deuxième fois depuis qu'il a quitté l'Élysée, l'ancien président intervient sur la scène politique dans une mise en scène soigneusement réglée par sa fille. Dès lors que les *Mémoires* ont été rédigés, publiés, vendus, et que le procès est passé, Claude est devenue moins drastique dans le droit de visite qu'elle accorde aux uns et aux autres, sollicitant même au besoin certains visiteurs. Philippe Goulliaud, le journaliste de l'AFP puis du *Figaro* qui a suivi Chirac pendant le septennat et le quinquennat, fait partie des quelques privilégiés qui ont un droit d'accès régulier : un rendez-vous se libère opportunément quelques jours après la sortie retentissante de Bernadette.

Le président, sa fille et le chef du service politique du *Figaro* restent ensemble près de trois quarts d'heure et si la forme des trois petites phrases publiées le lendemain dans le quotidien a été longuement polie, non par Chirac à l'évidence, il ne faut pas douter qu'elles reflètent fidèlement sa pensée : « J'ai toujours su qu'Alain Juppé serait au rendez-vous de son destin et de celui de la France. Peu de choses pouvaient me faire plus plaisir pour moi-même, pour lui, et surtout pour notre pays. Si j'en avais l'énergie, j'aurais déjà réservé ma place, même une petite, à son QG. » On se croirait déjà en campagne ! L'effet produit est immédiat, preuve que cette figure qui a accompagné plusieurs générations de Français, naviguant entre abîmes d'impopularité et pics d'affection, trouve toujours un écho. D'ailleurs, il revit, heureux de sa petite bombe ! Chirac apparaît même sur Twitter, sous un faux compte, un *fake* comme l'on dit sur le réseau social, sous le nom @jacques_chirac avec ce commentaire, « ancien président, maîtrise désormais le mulot » : « Je commence à craindre que l'UMP ne fasse pschiiiiiitt. Vite une Corona » ; « Je suis vieux, usé, fatigué, je laisse la place à Alain Juppé. Les gamineries ce n'est plus de mon âge » ; « Ça marche comment ? Ah oui on doit dire #FF@juppealain » – tweets datant de novembre 2012, déjà. Et sans sa marionnette de latex, la rétrospective des trente ans de Canal+ à la télévision, en novembre 2014, n'aurait pas eu la même saveur. On ne quitte pas ainsi quatre décennies de vie politique, même affaibli, même malade, même condamné par la justice – on peut le regretter ou s'en réjouir, c'est un fait.

Mais Bernadette Chirac la multirécidiviste ne s'arrête pas pour si peu. Elle déclare la guerre médiatique, en ouvrant le front par les radios. Sur Radio Classique, Patrick Poivre d'Arvor observe « ça doit être animé, vos déjeuners et vos dîners » : « Pas tellement, parce que nous prenons assez rarement nos repas ensemble. Mon mari a un peu des horaires de moine, répond-elle. Il m'a reproché d'avoir dit je ne sais quoi. Parce que vous le trouvez chaud, vous, Juppé ? Enfin, chaleureux ? » Sur RTL, elle l'élimine purement et simplement de la scène publique : « Mon mari, je me garde bien de parler politique avec lui. Il est en retraite je vous signale. Il n'en fait plus. Tandis que moi je suis conseillère générale de Corrèze. » Jacques Chirac ? Un retraité lambda ! Huit jours plus tard, sur Europe 1, elle est avec Michel Drucker (qui rit mais se tient le front) et Jean-Marc Morandini. L'animateur lui demande si elle a songé à sa succession, puisqu'elle est encore élue et présidente de deux fondations : « Du tout ! Pas du tout envie d'y penser ! Merci bien... Aller dans une maison de retraite, j'aime mieux disparaître tout de suite. » Elle ne déroge pas à son habitude de lancer quelque pique contre son mari : « C'est un très mauvais danseur. Il balance un coup à droite, un coup à gauche. » Remarquez... Puis elle retourne à sa cible favorite, Alain Juppé. Elle raconte un enterrement à Bordeaux, celui de Philippine de Rothschild : « On m'avait dit de me mettre au premier rang, avec les Rothschild, j'ai obéi. Je voyais un monsieur de l'autre côté du cercueil qui n'arrêtait pas de me regarder. J'ai fini par comprendre que c'était Juppé. Mais qu'est-ce qu'il me veut, Juppé ? J'ai rien à donner, Juppé. » Le ton devient si agressif qu'il en est gênant. Et c'est elle qui dit de son mari : « Il n'a plus de surmoi »...

Dans ce duel qui s'annonce entre Nicolas Sarkozy et Alain Juppé, Claude a choisi son camp : celui de son père et de son mari. Car elle espère toujours faire la carrière politique de Frédéric Salat-Baroux, qui ne sait plus sur quelle branche se poser : prêt à devenir ministre de Nicolas Sarkozy en 2007, directeur de campagne présumé de Jean-Louis Borloo en 2010, ministre des Finances imaginaire en 2011, électeur de François Hollande en 2012, candidat putatif aux municipales de Roubaix en 2014. Difficile de ne pas perdre le fil... Si Juppé, qu'il conseillait en 1995 à Matignon, réussit son pari, FSB voudra être de l'aventure, n'en doutons pas.

Jusqu'au bout cette famille restera donc dévorée par la politique, ce Moloch auquel il faut sacrifier sa vie.

Tout le monde n'a pas abandonné l'ancien président, contrairement à ce qu'assure Bernadette Chirac ; et celui-ci n'est pas aussi coupé de l'actualité qu'il y paraît. Ainsi reçoit-il toujours la visite de l'ancien photographe de la mairie de Paris, Christian Boyer. Dans sa besace, celui-ci met un ou deux paquets de sablés de Batz-sur-Mer, cette paisible station balnéaire de la presqu'île de Guérande où il vit désormais, et un sachet de caramels au beurre salé ; douceurs, bouffée d'air marin et boîte à souvenirs qu'ils ouvrent avec un verre de ti-punch. Et ils discutent, malgré le bégaiement du photographe, malgré l'esprit (pas si) vagabond du président. « Christian, toi qui connais tout le monde, tu la connais la petite Gayet ? » « Non, Monsieur le président ». Naturellement, Chirac a tout suivi des aventures du chef de l'État, François Hollande, avec l'actrice Julie Gayet. Il émet un petit commentaire mi-réprobateur mi-indulgent à propos de « François qui s'est fait gauler ». Et Christian rit avec lui, car il fallait les voir, dans leur jeunesse, ces séducteurs, grands et beaux à faire tourner la tête des filles.

Quand il a dit à Chirac qu'il était atteint de la maladie de Parkinson – cela ne se voit pas – celui-ci l'a consolé à sa façon : « Eh Christian, ce n'est rien du tout ! Il vaut mieux un Parkinson qui commence qu'un Alzheimer qui finit... J'ai toujours dit qu'il fallait se méfier des Anglais. Ils ont brûlé Jeanne d'Arc, ils ont coulé la flotte à Trafalgar, ils ont exilé Napoléon à Sainte-Hélène et voilà qu'ils nous envoient une saloperie qui s'appelle Parkinson ! »

Il semble que Jacques Chirac se soit habitué à ce drôle d'état qui est le sien, ni tout à fait ici ni tout à fait ailleurs. Ni tout à fait lui-même ni tout à fait un autre. Il se repère peu à peu dans ce continent obscur, comme si ses yeux s'étaient habitués à de trop faibles lueurs. Ce corps qui geint en silence, cet esprit qui s'échappe, il veut les dompter encore, peut-être sans savoir qu'il y aspire. Quand il voit le président Hollande, comme cela est arrivé parfois, il rassemble son troupeau d'idées, il souhaite être à son mieux, mais il arrive qu'elles s'éparpillent quand même. Alors, il en appelle à celle qui partage sa vie depuis cinquante-huit ans pour l'aider à se retrouver dans le dédale de sa mémoire : « Bernadette, comment s'appelle ce type, déjà, que je n'aime pas du tout, à qui j'ai serré la main ?

— Vous voulez dire Jean-Marie Le Pen ?

— Oui, c'est ça, Le Pen. »

Il sait que la nuit vient.

Remerciements

Pour son jugement très sûr, ses encouragements constants, sa parfaite connaissance des Chirac, je ne saurais trop remercier mon amie et consœur Raphaëlle Bacqué, qui m'a été si précieuse. Merci à ma fille, Flore Gurrey, relectrice attentive, fine et si drôle. Merci à mon mari, Marc Gurrey, qui m'a supportée, au sens britannique du terme. Et à son oncle, Hugues de Chabannes la Palice, qui sait pourquoi.

Je voudrais également remercier Jean-Luc Barré, mon éditeur, pour sa patience et ses excellents conseils.

Quelques jours après avoir signé mon contrat, je me suis aperçue que toutes mes archives concernant Jacques Chirac avaient disparu. Il m'était arrivé la même mésaventure qu'au photographe franco-argentin Daniel Mordzinski dans les locaux du *Monde*, dont cinquante mille clichés avaient été voués par erreur à la broyeuse. Sophie Dupont, documentaliste au *Monde*, qui m'a tant aidée, a immédiatement monté une expédition dans l'entreprise de la région parisienne qui traite nos déchets de papier. Paprec nous a gentiment accueillis, vidant sur le sol des bennes de plusieurs tonnes dont nous avons fouillé le contenu, avec Nathalie Guibert et Benoît Hopquin (merci !), mes confrères du *Monde*. Nous avons retrouvé des carnets de camarades disparus, des livres de comptes, mais aucune trace de mes documents, déjà passés à l'état de confettis.

L'enquête que j'ai menée m'a été d'autant plus utile. Merci notamment à Claude Chirac, Bernard Accoyer, Christine Albanel, Roselyne Bachelot, François Baroin, Philippe Bas, Henri Bentégeat, Marie-Germaine Bousser, Christian Boyer, Bénédicte Brissart, Dominique Bussereau, Anna Cabana, Pierre Charon, Laure Darcos, Xavier Darcos, Jean-Louis Debré, Sophie Dessus, Patrick Devedjian, Renaud Donnedieu de Vabres, Hervé Gaymard, Laurent Glépin, Jacques Godfrain, François Hollande, Alain Juppé, Georges Kiejman, Marc Ladreit de Lacharrière, Jean-François Lamour, Bertrand Landrieu, Jean-Pierre Lecoq, Laurence Parisot, Pierre Mazeaud, Anne Méaux, Alain Minc, Jérôme Monod, Pierre Péan, François Pinault, Jean-François Probst (†), Jean-Eudes Rabut, Jean-Pierre Raffarin, Hugues Renson, Évelyne Richard, Michel Roussin, Antoine Rufenacht, Marcel Rufo, Jean-Marc de La Sablière, Frédéric Salat-Baroux, Agathe Sanson, Louis Schweitzer, Valérie Terranova, Maurice Ulrich (†), Hubert Védrine, Jean Veil.

Enfin merci, au journal, à Jérôme Fenoglio, Cécile Prieur et Christophe Ayad.

Table

Introduction – Le règne de l'omerta   11

1. La fin du pouvoir   15
2. Le chambellan   25
3. L'absent   35
4. La vestale   45
5. Adieu, palais   57
6. La dernière reine   67
7. « Tiens, vous êtes là, vous... »   75
8. Un requin   83
9. Face au procès   93
10. L'avocat 103
11. L'argent 111
12. Cher Jean-Louis 123
13. Les dessous d'un mariage 135
14. Comédie corrézienne 143
15. François 153
16. Nicolas 167
17. Le bulletin fatal 181
18. Le reclus 189
19. Un ami 205
20. L'anniversaire 215
21. La nuit qui vient 227

Remerciements 239

*Cet ouvrage a été composé et mis en pages
par ÉTIANNE COMPOSITION
à Montrouge.*

Cet ouvrage a été imprimé
en février 2015 par

FIRMIN-DIDOT

27650 Mesnil–sur–l'Estrée

Dépôt légal : janvier 2015
N° d'édition : 54502/05 - N° d'impression : 127120

Imprimé en France